"中国近现代史纲要"考前十套通关试卷

蔡红亮　主编
师探文化传媒　组编

苏州大学出版社
Soochow University Press

图书在版编目(CIP)数据

"中国近现代史纲要"考前十套通关试卷 / 蔡红亮主编；师探文化传媒组编. —苏州：苏州大学出版社，2022.4
（高等教育自学考试复习指导丛书）
ISBN 978-7-5672-3696-7

Ⅰ.①中… Ⅱ.①蔡… ②师… Ⅲ.①中国历史—近现代—高等教育—自学考试—习题集 Ⅳ.①K25-44

中国版本图书馆 CIP 数据核字（2021）第 175508 号

书　　名：	"中国近现代史纲要"考前十套通关试卷
	"ZHONGGUO JINXIANDAI SHI GANGYAO" KAOQIAN SHITAO TONGGUAN SHIJUAN
主　　编：	蔡红亮
组　　编：	师探文化传媒
策划编辑：	王　娅
责任编辑：	严瑶婷
出版发行：	苏州大学出版社（Soochow University Press）
社　　址：	苏州市十梓街1号　邮编：215006
印　　装：	苏州工业园区美柯乐制版印务有限责任公司
开　　本：	787 mm×1 092 mm　1/16　印张：12.75　字数：231 千
版　　次：	2022年4月第1版
印　　次：	2022年4月第1次印刷
书　　号：	ISBN 978-7-5672-3696-7
定　　价：	48.00 元

图书若有印装错误，本社负责调换
苏州大学出版社营销部　电话：0512-67481020
苏州大学出版社网址　http://www.sudapress.com
苏州大学出版社邮箱　sdcbs@suda.edu.cn

目录

"中国近现代史纲要"考前十套通关试卷（一） ·················· 1

"中国近现代史纲要"考前十套通关试卷（二） ·················· 9

"中国近现代史纲要"考前十套通关试卷（三） ·················· 17

"中国近现代史纲要"考前十套通关试卷（四） ·················· 25

"中国近现代史纲要"考前十套通关试卷（五） ·················· 33

"中国近现代史纲要"考前十套通关试卷（六） ·················· 41

"中国近现代史纲要"考前十套通关试卷（七） ·················· 49

"中国近现代史纲要"考前十套通关试卷（八） ·················· 57

"中国近现代史纲要"考前十套通关试卷（九） ·················· 65

"中国近现代史纲要"考前十套通关试卷（十） ·················· 73

"中国近现代史纲要"考前十套通关试卷（一）参考答案与答案解析 ········ 81

"中国近现代史纲要"考前十套通关试卷（二）参考答案与答案解析 ……… 90

"中国近现代史纲要"考前十套通关试卷（三）参考答案与答案解析 ……… 99

"中国近现代史纲要"考前十套通关试卷（四）参考答案与答案解析 ……… 108

"中国近现代史纲要"考前十套通关试卷（五）参考答案与答案解析 ……… 117

"中国近现代史纲要"考前十套通关试卷（六）参考答案与答案解析 ……… 126

"中国近现代史纲要"考前十套通关试卷（七）参考答案与答案解析 ……… 135

"中国近现代史纲要"考前十套通关试卷（八）参考答案与答案解析 ……… 144

"中国近现代史纲要"考前十套通关试卷（九）参考答案与答案解析 ……… 154

"中国近现代史纲要"考前十套通关试卷（十）参考答案与答案解析 ……… 163

"中国近现代史纲要"斩题精华（另册）

"中国近现代史纲要"
考前十套通关试卷（一）

注意事项

1. 本试卷分为两部分，第一部分为选择题，第二部分为非选择题。
2. 应考者必须按试题顺序在答题卡（纸）指定位置上作答，答在试卷上无效。
3. 涂写部分、画图部分必须使用2B铅笔，书写部分必须使用黑色签字笔。

第一部分 选择题

一、单项选择题（本大题共25小题，每小题2分，共50分。在每小题列出的备选项中只有一项是最符合题目要求的，请将其选出）

1. 19世纪初，向中国大肆走私鸦片的主要国家是（　　）。
   A. 美国　　　　　　　　　　B. 英国
   C. 日本　　　　　　　　　　D. 俄国

2. 1858年，英国和法国迫使清政府签订的不平等条约是（　　）。
   A.《南京条约》　　　　　　　B.《黄埔条约》
   C.《天津条约》　　　　　　　D.《北京条约》

3. 洋务运动时期最早创办的翻译学堂是（　　）。
   A. 同文馆　　　　　　　　　B. 广方言馆
   C. 译书局　　　　　　　　　D. 译书馆

4. 20世纪初，邹容发表的号召人民推翻清朝统治，建立"中华共和国"的著作是（　　）。
   A.《驳康有为论革命书》　　　B.《革命军》
   C.《警世钟》　　　　　　　　D.《猛回头》

5. 1911年4月，资产阶级革命派在黄兴带领下举行的起义是（　　）。
   A. 广州起义　　B. 河口起义　　C. 惠州起义　　D. 武昌起义

6. 1925年全国范围大革命风暴兴起的标志是（　　）。
    A. 京汉铁路工人罢工　　　　　　B. 五卅运动
    C. 安源路矿工人罢工　　　　　　D. 一二·九运动

7. 中国共产党历史上由大革命失败到土地革命战争兴起的一个历史转折点会议是（　　）。
    A. 古田会议　　　　　　　　　　B. 遵义会议
    C. 瓦窑堡会议　　　　　　　　　D. 八七会议

8. 1931年1月至1935年1月，中国共产党内出现的主要错误倾向是（　　）。
    A. 右倾机会主义　　　　　　　　B. "左"倾盲动主义
    C. "左"倾冒险主义　　　　　　　D. "左"倾教条主义

9. 1935年1月，中国共产党召开的具有历史转折意义的会议是（　　）。
    A. 八七会议　　B. 古田会议　　C. 遵义会议　　D. 洛川会议

10. 1933年11月，国民党爱国将领蔡廷锴和蒋光鼐等发动的抗日反蒋事件是（　　）。
    A. 宁都起义　　　　　　　　　　B. 福建事变
    C. 西安事变　　　　　　　　　　D. 二二八起义

11. 1946年6月，国民党军队挑起全面内战的起点是（　　）。
    A. 重点进攻陕甘宁边区　　　　　B. 重点进攻山东解放区
    C. 大举围攻中原解放区　　　　　D. 大举围攻东北解放区

12. 1949年3月，毛泽东在中共七届二中全会上明确提出了（　　）。
    A. "和平、民主、团结"的方针
    B. "成立民主联合政府"的主张
    C. "打倒蒋介石，解放全中国"的口号
    D. "两个务必"的要求

13. 毛泽东为新华社写的1949年新年献词是（　　）。
    A. 《丢掉幻想，准备斗争》
    B. 《目前形势和我们的任务》
    C. 《将革命进行到底》
    D. 《论人民民主专政》

14. 1964年，新中国取得的重大科技成就是（　　）。

A. 第一颗原子弹试验成功

B. 第一颗氢弹试验成功

C. 第一台万吨水压机试制成功

D. 第一颗人造卫星发射成功

15. 1967年，老一辈革命家对"中央文革小组"的错误做法进行的抗争被诬称为（　　）。

A. "一月风暴"　　　　　　　　B. "二月逆流"

C. "右倾翻案"　　　　　　　　D. "反攻倒算"

16. 1967年，新中国在科学技术领域取得的重大成就是（　　）。

A. 第一颗原子弹试验成功

B. 第一颗人造卫星发射成功

C. 第一颗氢弹试验成功

D. 第一颗装有核弹头的中近程地地导弹发射成功

17. 揭开我国社会主义改革开放序幕的会议是（　　）。

A. 中共十一届三中全会　　　　B. 中共十一届六中全会

C. 中共十二届四中全会　　　　D. 中共十二届六中全会

18. 1984年，中共十二届三中全会通过的重要文件是（　　）。

A. 《关于加快农业发展若干问题的决定》

B. 《关于经济体制改革的决定》

C. 《关于科技体制改革的决定》

D. 《关于教育体制改革的决定》

19. 1988年，七届全国人大一次会议通过建立经济特区的决定，这个经济特区是（　　）。

A. 珠海经济特区　　　　　　　B. 汕头经济特区

C. 海南经济特区　　　　　　　D. 厦门经济特区

20. 中国共产党明确提出我国建立社会主义市场经济体制目标的会议是（　　）。

A. 中共十三大　　　　　　　　B. 中共十四大

C. 中共十五大　　　　　　　　D. 中共十六大

21. 2005年，第十届全国人民代表大会第三次会议通过的法律是（　　）。
   A.《香港特别行政区基本法》 B.《国家安全法》
   C.《澳门特别行政区基本法》 D.《反分裂国家法》

22. 我国对农业进行社会主义改造坚持的原则是（　　）。
   A. 积极发展 B. 稳步前进
   C. 自愿互利 D. 逐步过渡

23. 中共十八大提出，我国到2020年的奋斗目标是（　　）。
   A. 全面建成小康社会 B. 基本实现现代化
   C. 全面建设小康社会 D. 实现四个现代化

24. 2014年2月，十二届全国人大常委会第七次会议确定的中国人民抗日战争胜利纪念日是（　　）。
   A. 8月15日 B. 9月2日
   C. 9月3日 D. 9月30日

25. 中共十九大强调，习近平新时代中国特色社会主义思想的核心要义是（　　）。
   A. 坚持和发展中国特色社会主义 B. 坚持和发展马克思主义
   C. 坚持人民民主专政 D. 坚持中国共产党领导

第二部分　非选择题

二、简答题（本大题共5小题，每小题6分，共30分）

26. 简述19世纪末维新派和守旧派论战的主要问题及其意义。

27. 简述兴中会的成立及其誓词。

28. 简述大革命失败后，国民党政府的军事独裁统治的主要表现。

29. 简述中国人民抗日战争胜利的主要原因及中国共产党的中流砥柱作用是中国人民抗日战争胜利的关键。

30. 简述中国各民主党派形成时的社会基础及其性质。

三、论述题（本大题共3小题，考生任选其中2题作答，每小题10分，共20分。如果考生回答的题目超过2题，只按考生回答题目的前2题计分）

31. 试述中国共产党成立的历史意义。

32. 试述中共十一届三中全会以来改革开放和社会主义现代化建设取得的成就。这些成就的取得说明了什么？

33. 试述习近平关于实现中华民族伟大复兴中国梦的提出。

"中国近现代史纲要"

考前十套通关试卷（二）

注意事项

1. 本试卷分为两部分，第一部分为选择题，第二部分为非选择题。
2. 应考者必须按试题顺序在答题卡（纸）指定位置上作答，答在试卷上无效。
3. 涂写部分、画图部分必须使用2B铅笔，书写部分必须使用黑色签字笔。

第一部分　选择题

一、单项选择题（本大题共25小题，每小题2分，共50分。在每小题列出的备选项中只有一项是最符合题目要求的，请将其选出）

1. 鸦片战争前的中国的社会性质是（　　）。
   A. 奴隶社会　　　　　　　　B. 封建社会
   C. 资本主义社会　　　　　　D. 半殖民地半封建社会

2. 第一次鸦片战争后，清政府与美国签订的不平等条约是（　　）。
   A.《望厦条约》　　　　　　B.《黄埔条约》
   C.《马关条约》　　　　　　D.《瑷珲条约》

3. 近代中国半殖民地半封建社会最主要矛盾是（　　）。
   A. 地主阶级和农民阶级的矛盾
   B. 封建主义和人民大众的矛盾
   C. 资产阶级和工人阶级的矛盾
   D. 帝国主义和中华民族的矛盾

4. 1840年至1919年暨旧民主主义革命时期，中国反侵略斗争失败的最根本原因是（　　）。
   A. 经济技术落后　　　　　　B. 社会制度腐败
   C. 思想文化保守　　　　　　D. 军事装备落后

5. 19世纪末期，帝国主义列强瓜分中国的图谋并未实现的最根本原因是（　　）。

  A. 中国错综复杂的国情　　　　　　B. 列强之间的矛盾和制约

  C. 中国人民的反侵略斗争　　　　　D. 中国共产党的正确领导

6. 近代中国派遣第一批留学生是在（　　）。

  A. 洋务运动时期　　　　　　　　　B. 清末"新政"时期

  C. 戊戌维新时期　　　　　　　　　D. 辛亥革命时期

7. 新文化运动的第一篇白话文小说是1918年5月鲁迅发表的（　　）。

  A.《药》　　　　　　　　　　　　B.《阿Q正传》

  C.《狂人日记》　　　　　　　　　D.《伤逝》

8. 中国共产党领导的中国工人运动第一个高潮的起点是（　　）。

  A. 安源路矿工人罢工　　　　　　　B. 香港海员罢工

  C. 省港工人罢工　　　　　　　　　D. 京汉铁路工人罢工

9. 1927年，中共八七会议确定的总方针是（　　）。

  A. 推翻北洋军阀的统治　　　　　　B. 广泛开展工人运动

  C. 建立工农民主统一战线　　　　　D. 开展土地革命和武装斗争

10. 五四运动爆发的条件不包括（　　）。

  A. 巴黎和会中国代表团的卖国行径

  B. 俄国十月革命的影响

  C. 新文化运动的推动

  D. 中国工人阶级和民族资产阶级力量的壮大

11. 1936年10月，中国工农红军三大主力（第一、二、四方面军）胜利会师的地点是（　　）。

  A. 西康甘孜地区　　　　　　　　　B. 甘肃会宁、静宁将台堡

  C. 四川懋功地区　　　　　　　　　D. 陕北保安地区

12. 1938年3月，国民党军队在抗日战争正面战场取得胜利的战役是（　　）。

  A. 昆仑关战役　　　　　　　　　　B. 桂南战役

  C. 台儿庄战役　　　　　　　　　　D. 枣宜战役

13. 1951年底至1952年春，中国共产党在党政机关人员中开展的运动是（　　）。

　　A. 整风、整党运动　　　　　　　B. "五反"运动

　　C. "三反"运动　　　　　　　　　D. "四清"运动

14. 新中国发展国民经济第一个五年计划的中心环节是（　　）。

　　A. 重点发展城市经济　　　　　　B. 优先发展重工业

　　C. 重点发展农村经济　　　　　　D. 优先发展轻工业

15. 1956年，在中共八大上提出"三个主体，三个补充"思想的是（　　）。

　　A. 李富春　　　B. 周恩来　　　C. 董必武　　　D. 陈云

16. 毛泽东在1957年2月扩大的最高国务会议上指出，我国政治生活的主题是（　　）。

　　A. 正确处理敌我矛盾　　　　　　B. 正确处理人民内部矛盾

　　C. 正确处理共产党和民主党派的关系　　D. 正确处理民主与专政的关系

17. 1962年年初，中共中央为统一思想、总结经验教训和明确工作方向而召开的会议是（　　）。

　　A. 成都会议　　B. 七千人大会　　C. 北戴河会议　　D. 武昌会议

18. 1966年至1976年在我国发生的全局性、长时间的"左"倾严重错误是（　　）。

　　A. "大跃进"运动　　　　　　　　B. "反右倾"斗争

　　C. 反右倾斗争扩大化　　　　　　D. "文化大革命"

19. 我国关于真理标准问题大讨论开始的时间是（　　）。

　　A. 1976年10月　　B. 1978年5月　　C. 1979年3月　　D. 1981年6月

20. 中国共产党于1978年12月召开的具有历史转折意义的会议是（　　）。

　　A. 中共十一届三中全会　　　　　B. 中共十一届四中全会

　　C. 中共十一届五中全会　　　　　D. 中共十一届六中全会

21. 全国人大常委会于1979年元旦发表的重要文献是（　　）。

　　A. 《告台湾同胞书》

　　B. 《反分裂国家法》

　　C. 《为促进祖国统一大业的完成而继续奋斗》

　　D. 《关于台湾回归祖国实现和平统一的方针政策》

22. 1988年4月，通过设立海南省和建立海南经济特区决定的会议是（ ）。

    A. 中共十一届三中全会   B. 中共十二届六中全会

    C. 七届人大一次会议   D. 中共十二大

23. 1987年，中共十三大比较系统地阐述了（ ）。

    A. 社会主义初级阶段理论   B. 社会主义本质理论

    C. 社会主义市场经济理论   D. "三个有利于"标准的理论

24. 2004年9月，中共十六届四中全会上提出的战略任务是（ ）。

    A. 建设社会主义新农村   B. 全面建设小康社会

    C. 全面建成小康社会   D. 构建社会主义和谐社会

25. 中共十九大明确指出，我国社会主要矛盾已经转化为（ ）。

    A. 人民对于建立工业国的要求，同落后的农业国的现实之间的矛盾

    B. 人民日益增长的美好生活需要和不平衡不充分的发展之间的矛盾

    C. 人民日益增长的物质文化需要和落后的社会生产之间的矛盾

    D. 人民对于经济文化迅速发展的需要同当前经济文化不能满足人民需要的状况之间的矛盾

第二部分　非选择题

二、简答题（本大题共5小题，每小题6分，共30分）

26. 简述资产阶级维新派宣传变法维新的主要活动。

27. 简述中共二大制定的民主革命纲领。

28. 简述1927年9月毛泽东领导的湘赣边界秋收起义的特点。

29. 简述抗日民族统一战线中的顽固势力及中国共产党与其斗争的政策和原则。

30. 简述20世纪50年代，我国对资本主义工商业采取和平赎买政策的特点。

三、论述题（本大题共3小题，考生任选其中2题作答，每小题10分，共20分。如果考生回答的题目超过2题，只按考生回答题目的前2题计分）

31. 试述中国半殖民地半封建社会的主要矛盾、矛盾的影响及其相互关系和近代以来中华民族面临的历史任务。

32. 试述20世纪初资产阶级革命派与改良派论战的主要内容、意义和论战焦点及革命派在这一问题上的主张。

33. 试述中国新民主主义革命胜利的主要原因和基本经验。

"中国近现代史纲要"
考前十套通关试卷（三）

 注意事项

1. 本试卷分为两部分，第一部分为选择题，第二部分为非选择题。
2. 应考者必须按试题顺序在答题卡（纸）指定位置上作答，答在试卷上无效。
3. 涂写部分、画图部分必须使用2B铅笔，书写部分必须使用黑色签字笔。

第一部分　选择题

一、单项选择题（本大题共25小题，每小题2分，共50分。在每小题列出的备选项中只有一项是最符合题目要求的，请将其选出）

1. 近代中国社会的性质是（　　）。
　　A. 封建主义社会　　　　　　　　B. 半殖民地半封建社会
　　C. 资本主义社会　　　　　　　　D. 社会主义社会

2. 中国近代史上中国人民第一次大规模反侵略的武装斗争是1841年（　　）。
　　A. 三元里人民的抗英斗争　　　　B. 太平天国的反侵略斗争
　　C. 义和团抗击八国联军的斗争　　D. 台湾人民的反割台斗争

3. 戊戌维新运动发生在（　　）。
　　A. 鸦片战争后　　　　　　　　　B. 中法战争后
　　C. 中日甲午战争后　　　　　　　D. 八国联军侵华战争后

4. 中国第一个资产阶级性质的政党是（　　）。
　　A. 兴中会　　　　　　　　　　　B. 华兴会
　　C. 中国同盟会　　　　　　　　　D. 中华革命党

5. 中国民族资产阶级第一次登上历史舞台是（　　）。
   A. 洋务运动　　　　　　　　　　B. 辛亥革命
   C. 戊戌维新运动　　　　　　　　D. 新文化运动

6. 中国历史上第一部具有资产阶级共和国宪法性质的法典是（　　）。
   A. 《钦定宪法大纲》　　　　　　B. 《中国同盟会纲领》
   C. 《中华民国临时约法》　　　　D. 《总统选举法》

7. 新文化运动倡导的是（　　）。
   A. 资产阶级的民主主义　　　　　B. 无产阶级的民主主义
   C. 小资产阶级的自由主义　　　　D. 农民阶级的平均主义

8. 中国新民主主义革命的开端是（　　）。
   A. 新文化运动　　　　　　　　　B. 五四运动
   C. 北伐战争　　　　　　　　　　D. 抗日战争

9. 毛泽东提出"须知政权是由枪杆子中取得的"著名论断是在（　　）。
   A. 中共一大　　　　　　　　　　B. 中共二大
   C. 八七会议　　　　　　　　　　D. 遵义会议

10. 中国共产党独立领导革命战争、创建人民军队始于（　　）。
    A. 南昌起义　　　　　　　　　　B. 秋收起义
    C. 广州起义　　　　　　　　　　D. 百色起义

11. 新民主主义革命的基本问题是（　　）。
    A. 政权问题　　　　　　　　　　B. 农民问题
    C. 军队问题　　　　　　　　　　D. 领导权问题

12. 中国共产党正式提出建立抗日民族统一战线政策的会议是（　　）。
    A. 遵义会议　　　　　　　　　　B. 洛川会议
    C. 瓦窑堡会议　　　　　　　　　D. 延安会议

13. 标志十年内战结束、国内和平基本实现的事件是（　　）。
    A. 九一八事变　　　　　　　　　B. 西安事变
    C. 卢沟桥事变　　　　　　　　　D. 八一三事变

14. 全民族抗战开始后，中国军队取得的第一次重大胜利的战役是（　　）。
    A. 平型关战役　　　　　　　　　B. 台儿庄战役
    C. 百团大战　　　　　　　　　　D. 昆仑关战役

15. 1945年10月10日，重庆谈判中国共双方签署了（   ）。
   A. 《国共重庆谈判纪要》   B. 《国共重庆谈判协定》
   C. 《政府与中共代表会谈协定》   D. 《政府与中共代表会谈纪要》

16. 国统区人民所进行的第二条战线的斗争，以（   ）。
   A. 工人运动为发端   B. 农民运动为发端
   C. 学生运动为发端   D. 城镇贫民运动为发端

17. 《共同纲领》最基本、最核心的内容是关于新中国的（   ）。
   A. 国体和政体的规定   B. 基本的民族政策
   C. 经济工作方针   D. 外交工作原则

18. 新中国成立初期建立社会主义国营经济的最主要途径和手段是（   ）。
   A. 没收封建地主阶级的土地   B. 没收官僚资本
   C. 赎买民族资本   D. 没收帝国主义在华企业

19. 提出争取国家财政经济状况基本好转任务的会议是（   ）。
   A. 中共七届二中全会   B. 中共七届三中全会
   C. 中共七届四中全会   D. 中共七届五中全会

20. 中国进入社会主义社会暨社会主义制度在中国确立的主要标志是（   ）。
   A. 中华人民共和国的成立   B. 社会主义改造的基本完成
   C. 全国大陆的统一   D. 国民经济的恢复

21. 毛泽东在《论十大关系》中提出的中国社会主义建设的基本方针是（   ）。
   A. 不要四面出击
   B. 调整、巩固、充实、提高
   C. 积极引导，稳步前进
   D. 调动一切积极因素为社会主义事业服务

22. 我国社会主义改造基本完成后，党和国家的根本任务是（   ）。
   A. 进行政治建设   B. 进行文化建设
   C. 保护和发展生产力   D. 进行社会建设

23. 中国恢复在联合国的合法席位是在（   ）。
   A. 1970年   B. 1971年
   C. 1976年   D. 1977年

24. 1980年5月，邓小平发表《关于农村政策的谈话》，肯定了（　　）。
　　A. 包干到户形式　　　　　　　B. 包产到户形式
　　C. 包干到组形式　　　　　　　D. 包产到组形式

25. 把"三个代表"重要思想确立为中国共产党指导思想的大会是（　　）。
　　A. 中共十三大　　　　　　　　B. 中共十四大
　　C. 中共十五大　　　　　　　　D. 中共十六大

第二部分　非选择题

二、简答题（本大题共5小题，每小题6分，共30分）

26. 简述近代中国民族资产阶级的两面性。

27. 简述新民主主义革命的基本纲领。

28. 简述中国共产党建国方案的主要内容及其评价。

29. 简述新中国建立初期,"三反""五反"运动的内容和意义。

30. 简述中共十七大的主题。

三、**论述题**（本大题共3小题，考生任选其中2题作答，每小题10分，共20分。如果考生回答的题目超过2题，只按考生回答题目的前2题计分）

31. 试述中国抗日战争胜利的伟大历史意义。

32. 试述中国共产党提出的过渡时期的总路线反映了历史的必然性。

33. 试述中共八大如何分析我国社会主义改造完成后国内的主要矛盾和主要任务。

"中国近现代史纲要"

考前十套通关试卷(四)

 注意事项

1. 本试卷分为两部分,第一部分为选择题,第二部分为非选择题。
2. 应考者必须按试题顺序在答题卡(纸)指定位置上作答,答在试卷上无效。
3. 涂写部分、画图部分必须使用2B铅笔,书写部分必须使用黑色签字笔。

第一部分 选择题

一、单项选择题(本大题共25小题,每小题2分,共50分。在每小题列出的备选项中只有一项是最符合题目要求的,请将其选出)

1. 1840年鸦片战争前,封建社会的主要矛盾是( )。
   A. 地主阶级与资产阶级的矛盾
   B. 封建主义与资本主义之间的矛盾
   C. 地主阶级与农民阶级的矛盾
   D. 社会主义与资本主义之间的矛盾

2. 资本-帝国主义列强对中国的侵略,首先和最主要的是( )。
   A. 政治侵略   B. 军事侵略
   C. 经济掠夺   D. 文化渗透

3. 1853年,太平天国定都天京后颁布的纲领性文件是( )。
   A. 《原道觉世训》   B. 《十款天条》
   C. 《天朝田亩制度》   D. 《资政新篇》

4. 19世纪60—90年代,洋务派兴办洋务事业的指导思想( )。
   A. 师夷长技以制夷   B. 中学为体,西学为用
   C. 物竞天择,适者生存   D. 维新变法,救亡图存

5. 洋务派创办的第一个规模较大的近代军事工业是（　　）。
   A. 江南制造总局　　　　　　　　B. 金陵机器局
   C. 马尾船政局　　　　　　　　　D. 天津机器局

6. 在中国近代史上，资产阶级思想与封建主义思想的第一次正面交锋是（　　）。
   A. 洋务派与顽固派的论战　　　　B. 洋务派与维新派的论战
   C. 革命派与改良派的论战　　　　D. 维新派与守旧派的论战

7. 在1911年爆发的保路运动中，规模最大、斗争最激烈的省份是（　　）。
   A. 四川　　　　　　　　　　　　B. 湖南
   C. 广东　　　　　　　　　　　　D. 湖北

8. 1915年在上海创办《青年杂志》的是（　　）。
   A. 胡适　　　　　　　　　　　　B. 鲁迅
   C. 陈独秀　　　　　　　　　　　D. 李大钊

9. 1921年8月，中国共产党成立的领导工人运动的专门机关是（　　）。
   A. 上海机器工会　　　　　　　　B. 中国劳动组合书记部
   C. 香港罢工委员会　　　　　　　D. 中华全国总工会

10. 国民党在全国的统治建立后，官僚资本的垄断活动首先和主要是（　　）。
    A. 从农业方面开始的　　　　　　B. 从工业方面开始的
    C. 从商业方面开始的　　　　　　D. 从金融业方面开始的

11. 1930年8月，国民党民主人士邓演达领导成立的中间党派是（　　）。
    A. 中国国民党临时行动委员会　　B. 中国青年党
    C. 中国民主同盟　　　　　　　　D. 中华职业教育社

12. 1937年，日本帝国主义制造的侵华事件是（　　）。
    A. 九一八事变　　　　　　　　　B. 一·二八事变
    C. 华北事变　　　　　　　　　　D. 卢沟桥事变

13. 抗日战争时期，国民党第二次反共高潮达到顶点的标志是（　　）。
    A. 晋西事变　　　　　　　　　　B. 皖南事变
    C. 平江惨案　　　　　　　　　　D. 陇东事变

14. 1947年10月10日,《中国人民解放军宣言》正式提出的口号是（   ）。
    A. 和平、民主、团结　　　　　　　　B. 向北发展,向南防御
    C. 打倒蒋介石,解放全中国　　　　　D. 将革命进行到底

15. 1949年4月21日,中国人民解放军发起的重大战役是（   ）。
    A. 辽沈战役　　　　　　　　　　　　B. 淮海战役
    C. 平津战役　　　　　　　　　　　　D. 渡江战役

16. 新中国开始实施发展国民经济第一个五年计划的时间是（   ）。
    A. 1950年　　　　　　　　　　　　　B. 1951年
    C. 1952年　　　　　　　　　　　　　D. 1953年

17. 1956年召开的中共八大提出,党和全国人民当前的主要任务是（   ）。
    A. 争取国家财政经济状况的根本好转
    B. 正确处理人民内部矛盾
    C. 把我国从落后的农业国变为先进的工业国
    D. 实现社会主义四个现代化

18. 1959年,在中共中央召开的庐山会议上受到错误批判的是（   ）。
    A. 彭德怀　　　　　　　　　　　　　B. 刘少奇
    C. 周恩来　　　　　　　　　　　　　D. 邓小平

19. 邓小平在1979年3月的理论工作务虚会上明确提出,必须坚持（   ）。
    A. "一个中国"的原则
    B. "两手抓,两手都要硬"的方针
    C. 四项基本原则
    D. "三个有利于"的标准

20. 2001年,中国对外开放进入一个新阶段的标志是（   ）。
    A. 加入世界贸易组织　　　　　　　　B. 设立海南经济特区
    C. 开放十四个沿海港口城市　　　　　D. 开发和开放上海浦东新区

21. 1997年7月1日,中国在推进祖国统一大业方面迈出的重要一步是(   )。
    A. 恢复对香港行使主权　　　　　　　B. 恢复对澳门行使主权
    C. 海峡两岸举行"汪辜会谈"　　　　　D. 海峡两岸达成"九二共识"

22. 2012年，在我国进入全面建成小康社会决定性阶段召开的重要会议是（　　）。
   A. 中共十五大　　　　　　　　B. 中共十六大
   C. 中共十七大　　　　　　　　D. 中共十八大

23. 关于中共十八届三中全会审议通过的重要文件是（　　）。
   A.《关于全面深化改革若干重大问题的决定》
   B.《关于培育和践行社会主义核心价值观的意见》
   C.《关于制定国民经济和社会发展第十三个五年计划的建议》
   D.《关于新形势下党内政治生活的若干准则》

24. 中共十九大确定的我国基本实现社会主义现代化的时间是（　　）。
   A. 2020 年　　　　　　　　　B. 2025 年
   C. 2035 年　　　　　　　　　D. 2050 年

25. 2017 年 10 月 31 日，习近平强调要结合时代特点大力弘扬"红船精神"，其中的奋斗精神指的是（　　）。
   A. 开天辟地、敢为人先　　　　B. 开天辟地、百折不挠
   C. 坚定理想、百折不挠　　　　D. 立党为公、忠诚为民

第二部分　非选择题

二、简答题（本大题共 5 小题，每小题 6 分，共 30 分）

26. 简述 1926 年至 1927 年北伐战争的直接打击目标和战略方针。

27. 简述八一南昌起义的历史意义。

28. 简述抗日民族统一战线中的中间势力及争取中间势力的主要条件。

29. 简述抗美援朝战争的历史意义。

30. 简述中共十三大制定的社会主义现代化建设"三步走"战略部署。

三、论述题（本大题共3小题，考生任选其中2题作答，每小题10分，共20分。如果考生回答的题目超过2题，只按考生回答题目的前2题计分）

31. 试述孙中山先生三民主义学说的内容及其意义。

32. 试述《中国人民政治协商会议共同纲领》规定的新中国国体、政体及意义。

33. 试述毛泽东关于社会主义发展阶段和现代化建设战略目标与步骤的思想。

"中国近现代史纲要"
考前十套通关试卷（五）

 注意事项

1. 本试卷分为两部分，第一部分为选择题，第二部分为非选择题。
2. 应考者必须按试题顺序在答题卡（纸）指定位置上作答，答在试卷上无效。
3. 涂写部分、画图部分必须使用2B铅笔，书写部分必须使用黑色签字笔。

第一部分 选择题

一、单项选择题（本大题共25小题，每小题2分，共50分。在每小题列出的备选项中只有一项是最符合题目要求的，请将其选出）

1. 1895年，日本迫使清政府签订的不平等条约是（　　）。
   A. 《南京条约》　　　　　　　　B. 《天津条约》
   C. 《北京条约》　　　　　　　　D. 《马关条约》

2. 1860年，洗劫和烧毁圆明园的是（　　）。
   A. 日本侵略军　　　　　　　　　B. 俄国侵略军
   C. 英法联军　　　　　　　　　　D. 八国联军

3. 1839年组织编写成《四洲志》，向中国介绍西方情况的是（　　）。
   A. 林则徐　　　　　　　　　　　B. 魏源
   C. 马建忠　　　　　　　　　　　D. 郑观应

4. 太平天国由盛到衰的转折点是（　　）。
   A. 长沙战役　　　　　　　　　　B. 北伐受挫
   C. 天京事变　　　　　　　　　　D. 安庆失守

5. 1861年清政府设立的综理洋务的中央机关是（　　）。
   A. 江南制造总局　　　　　　　　B. 京师同文馆
   C. 总理各国事务衙门　　　　　　D. 外务部

6. 洋务运动失败的标志是（　　）。

A. 北洋海军全军覆没　　　　　　B. 民用企业大批亏损

C. 南洋海军全军覆没　　　　　　D. 维新运动的兴起

7. 戊戌维新时期，维新派在上海创办的影响较大的报刊是（　　）。

A. 《时务报》　　　　　　　　　B. 《国闻报》

C. 《湘报》　　　　　　　　　　D. 《万国公报》

8. 下列各项中不属于辛亥革命局限性的是（　　）。

A. 没有提出彻底的反对帝国主义和反对封建主义的革命纲领

B. 没有充分发动和依靠民众

C. 没有结束统治中国两千多年的封建君主专制制度

D. 没有建立坚强有力的革命政党

9. 五四运动爆发的直接导火线是（　　）。

A. 北洋军阀接受日本提出的"二十一条"

B. 北洋军阀与日本签订"西原借款"合同

C. 巴黎和会上中国外交的失败

D. 华盛顿会议上中国外交的受挫

10. 1919年，发表《我的马克思主义观》一文的是（　　）。

A. 陈独秀　　　　　　　　　　　B. 李大钊

C. 蔡和森　　　　　　　　　　　D. 杨匏安

11. 《共产党宣言》第一个中文全译本的译者是（　　）。

A. 李大钊　　　　　　　　　　　B. 陈独秀

C. 毛泽东　　　　　　　　　　　D. 陈望道

12. 1935年，日本为扩大对华侵略而制造的事变是（　　）。

A. 九一八事变　　　　　　　　　B. 华北事变

C. 卢沟桥事变　　　　　　　　　D. 八一三事变

13. 1932年，日本侵略者在中国策划建立的傀儡政权是（　　）。

A. 伪"华北自治政府"

B. 伪"满洲国"

C. 伪"中华民国维新政府"

D. 伪"中华民国国民政府"

14. 1933年5月，原西北军将领冯玉祥领导成立的抗日武装力量是（　　）。

　　A. 东北抗日义勇军　　　　　　B. 东北抗日联军

　　C. 察哈尔抗日同盟军　　　　　D. 冀中回民支队

15. 1937年，在淞沪会战中率领"八百壮士"孤守上海四行仓库的爱国将领是（　　）。

　　A. 佟麟阁　　　　　　　　　　B. 赵登禹

　　C. 谢晋元　　　　　　　　　　D. 戴安澜

16. 1938年，毛泽东发表的系统阐述抗日战争特点、前途和发展规律的著作是（　　）。

　　A.《论反对日本帝国主义的策略》　　B.《论持久战》

　　C.《抗日救国十大纲领》　　　　　　D.《论联合政府》

17. 1940年，八路军对华北日军发动大规模进攻的战役是（　　）。

　　A. 平型关战役　　　　　　　　B. 雁门关战役

　　C. 阳明堡战役　　　　　　　　D. 百团大战

18. 1945年4月，包括解放区代表董必武在内的中国代表团出席的国际会议是（　　）。

　　A. 开罗会议　　　　　　　　　B. 德黑兰会议

　　C. 雅尔塔会议　　　　　　　　D. 旧金山会议

19. 1945年8月，中共中央在《对目前时局的宣言》中明确提出的口号是（　　）。

　　A. 和平、民主、团结　　　　　B. 向北发展，向南防御

　　C. 打倒蒋介石，解放全中国　　D. 打过长江去，解放全中国

20. 中国西藏和平解放的时间是（　　）。

　　A. 1948年10月　　　　　　　　B. 1949年10月

　　C. 1950年10月　　　　　　　　D. 1951年10月

21. 我国对资本主义工商业进行社会主义改造的高级形式是（　　）。

　　A. 加工订货　　　　　　　　　B. 统购包销

　　C. 经销代销　　　　　　　　　D. 公私合营

22. 1957年6月开展的全国规模的群众性运动是（   ）。

  A. 肃反运动　　　　　　　　　　B. 整风运动

  C. 反右派运动　　　　　　　　　D. 人民公社化运动

23. 1990年，中共中央和国务院为进一步推进对外开放作出的战略举措是（   ）。

  A. 开发、开放上海浦东新区　　　B. 开发、开放长江三角洲

  C. 建立厦门经济特区　　　　　　D. 建立海南经济特区

24. 2013年11月，审议通过《关于全面深化改革若干重大问题的决定》的会议是（   ）。

  A. 中共十八届一中全会　　　　　B. 中共十八届二中全会

  C. 中共十八届三中全会　　　　　D. 中共十八届四中全会

25. 中国共产党明确提出中国特色社会主义进入新时代的会议是（   ）。

  A. 中共十六大　　　　　　　　　B. 中共十七大

  C. 中共十八大　　　　　　　　　D. 中共十九大

第二部分　非选择题

二、简答题（本大题共5小题，每小题6分，共30分）

26. 简述中国封建社会的基本特点和主要矛盾。

27. 简述辛亥革命失败后孙中山为捍卫资产阶级民主革命成果所进行的斗争。

28. 简述中共三大的主要内容及其意义。

29. 简述1931年召开的中华苏维埃第一次全国代表大会的主要内容。

30. 简述新民主主义社会的五种经济成分及其特点。

三、论述题（本大题共3小题，考生任选其中2题作答，每小题10分，共20分。如果考生回答的题目超过2题，只按考生回答题目的前2题计分）

31. 试述戊戌维新运动的历史意义。

32. 试述全国解放战争时期，各民主党派与中国共产党团结合作的主要表现。

33. 试述中共十八大后党和国家事业的历史性成就和历史性变革带给我们的启示。

"中国近现代史纲要"
考前十套通关试卷（六）

 注意事项

1. 本试卷分为两部分，第一部分为选择题，第二部分为非选择题。
2. 应考者必须按试题顺序在答题卡（纸）指定位置上作答，答在试卷上无效。
3. 涂写部分、画图部分必须使用2B铅笔，书写部分必须使用黑色签字笔。

第一部分 选择题

一、单项选择题（本大题共25小题，每小题2分，共50分。在每小题列出的备选项中只有一项是最符合题目要求的，请将其选出）

1. 将中国领土台湾割让给日本的不平等条约是（　　）。
   A.《南京条约》　　　　　　　　B.《北京条约》
   C.《马关条约》　　　　　　　　D.《瑷珲条约》

2. 基督教在中国设立的最大出版机构广学会发行的报刊是（　　）。
   A.《中国丛报》　　　　　　　　B.《北华捷报》
   C.《字林西报》　　　　　　　　D.《万国公报》

3. 鸦片战争后，提出"师夷长技以制夷"思想的是（　　）。
   A. 林则徐　　　　　　　　　　B. 王韬
   C. 龚自珍　　　　　　　　　　D. 魏源

4. 19世纪90年代，梁启超宣传变法维新主张的著作是（　　）。
   A.《新学伪经考》　　　　　　　B.《仁学》
   C.《人类公理》　　　　　　　　D.《变法通义》

5. 戊戌维新时期，维新派在天津创办的影响较大的报刊是（　　）。
   A.《时务报》　　　　　　　　　B.《国闻报》
   C.《湘报》　　　　　　　　　　D.《新民丛报》

6. 1904 年至 1905 年，为争夺在华利益而在中国东北进行战争的帝国主义国家是（   ）。

   A. 日本与俄国　　　　　　　　B. 美国与英国
   C. 英国与日本　　　　　　　　D. 美国与俄国

7. 为反对袁世凯的独裁和卖国行径，孙中山在 1913 年领导革命党人发动了（   ）。

   A. 二次革命　　　　　　　　　B. 护国战争
   C. 护法战争　　　　　　　　　D. 北伐战争

8. 中国近代史上第一次彻底反帝反封建的革命运动是（   ）。

   A. 辛亥革命　　　　　　　　　B. 五四运动
   C. 五卅运动　　　　　　　　　D. 国民革命

9. 1920 年，陈独秀等人建立的中国共产党早期组织是（   ）。

   A. 上海共产主义小组　　　　　B. 北京共产主义小组
   C. 武汉共产主义小组　　　　　D. 广州共产主义小组

10. 1921 年 9 月，中国共产党领导成立的第一个农民协会是在（   ）。

    A. 湖南省湘潭县　　　　　　　B. 广东省海丰县
    C. 浙江省萧山县　　　　　　　D. 福建省上杭县

11. 第一次国共合作的政治基础是（   ）。

    A. 三民主义　　　　　　　　　B. 新三民主义
    C. 新民主主义　　　　　　　　D. 社会主义

12. 1928 年 12 月，在东北宣布"服从南京国民政府，改易旗帜"的是（   ）。

    A. 孙传芳　　　　　　　　　　B. 吴佩孚
    C. 张作霖　　　　　　　　　　D. 张学良

13. 遵义会议后，中共中央政治局成立了新的三人团负责红军的军事行动，其成员是（   ）。

    A. 毛泽东、朱德、周恩来　　　B. 毛泽东、朱德、王稼祥
    C. 毛泽东、周恩来、王稼祥　　D. 毛泽东、张闻天、周恩来

14. 1938 年 10 月广州、武汉失守后，中国抗日战争进入的阶段是（   ）。

    A. 战略防御阶段　　　　　　　B. 战略相持阶段
    C. 战略反攻阶段　　　　　　　D. 战略决战阶段

15. 1941年3月，在大后方抗日民主运动中诞生的民主党派是（   ）。

A. 中国国民党临时行动委员会　　　　B. 中国民主政团同盟

C. 中国民主促进会　　　　　　　　　D. 中国民主建国会

16. 1946年2月，国民党特务破坏"庆祝政协成功大会"所制造的惨案是（   ）。

A. 五卅惨案　　　　　　　　　　　　B. 确山惨案

C. 校场口惨案　　　　　　　　　　　D. 下关惨案

17. 1947年，中国共产党在全国土地会议上制定的重要文件是（   ）。

A. 《井冈山土地法》

B. 《兴国土地法》

C. 《关于清算、减租及土地问题的指示》

D. 《中国土地法大纲》

18. 1948年9月，中国人民解放军发起战略决战的第一个战役是（   ）。

A. 辽沈战役　　　　　　　　　　　　B. 淮海战役

C. 平津战役　　　　　　　　　　　　D. 渡江战役

19. 1949年3月，中国共产党在河北省平山县西柏坡召开的重要会议是（   ）。

A. 中共六大　　　　　　　　　　　　B. 中共六届六中全会

C. 中共七大　　　　　　　　　　　　D. 中共七届二中全会

20. 在探索中国社会主义建设道路过程中，提出社会主义社会基本矛盾学说的是（   ）。

A. 刘少奇　　　　　　　　　　　　　B. 毛泽东

C. 陈云　　　　　　　　　　　　　　D. 周恩来

21. 1961年1月，中共中央决定对国民经济实行"调整、巩固、充实、提高"方针的会议是（   ）。

A. 中共八届五中全会　　　　　　　　B. 中共八届六中全会

C. 中共八届九中全会　　　　　　　　D. 中共八届十中全会

22. 新中国第一次正式提出实现四个现代化奋斗目标的会议是（   ）。

A. 第一届全国人民代表大会　　　　　B. 第二届全国人民代表大会

C. 第三届全国人民代表大会　　　　　D. 第四届全国人民代表大会

23. 1978年12月，邓小平在中央工作会议闭幕会上作的讲话是（　　）。
   A.《实践是检验真理的唯一标准》
   B.《解放思想，实事求是，团结一致向前看》
   C.《关于加快农业发展若干问题的决定》
   D.《党和国家领导制度的改革》

24. 建设美丽中国，强化公民环境意识，倡导弘扬的是（　　）。
   A. 绿水青山就是金山银山　　　　B. 塞罕坝精神
   C. 红船精神　　　　　　　　　　D. 绿色发展

25. 截至2018年8月，同中国建立外交关系的国家有（　　）。
   A. 173个　　　　　　　　　　　B. 111个
   C. 178个　　　　　　　　　　　D. 170个

二、简答题（本大题共5小题，每小题6分，共30分）

26. 简述旧民主主义时期中国人民反侵略斗争失败的原因。

27. 简述辛亥革命时期中国资产阶级革命派的阶级基础和骨干力量。

28. 简述中共八七会议的主要内容。

29. 简述中国人民抗日战争在世界反法西斯战争中的地位。

30. 简述新中国1949年至1952年采取的向社会主义过渡的实际步骤。

三、论述题（本大题共3小题，考生任选其中2题作答，每小题10分，共20分。如果考生回答的题目超过2题，只按考目的前2题计分）

31. 试述近代中国半殖民地半封建社会的特点。

32. 试述俄国十月革命对中国革命的影响。

33. 试述中共十一届三中全会是新中国成立以来党的历史上具有深远意义的伟大转折。

"中国近现代史纲要"
考前十套通关试卷（七）

注意事项

1. 本试卷分为两部分，第一部分为选择题，第二部分为非选择题。
2. 应考者必须按试题顺序在答题卡（纸）指定位置上作答，答在试卷上无效。
3. 涂写部分、画图部分必须使用2B铅笔，书写部分必须使用黑色签字笔。

第一部分 选择题

一、单项选择题（本大题共25小题，每小题2分，共50分。在每小题列出的备选项中只有一项是最符合题目要求的，请将其选出）

1. 1898年，严复翻译出版的《天演论》所宣传的思想是（　　）。
   A. 师夷长技以制夷　　　　　　　B. 中学为体，西学为用
   C. 振兴中华　　　　　　　　　　D. 物竞天择，适者生存

2. 洋务派最早从事的洋务事业是（　　）。
   A. 兴办军用工业　　　　　　　　B. 兴办民用工业
   C. 派遣留学生　　　　　　　　　D. 创立新式学堂

3. 1894年，孙中山在檀香山建立的中国第一个资产阶级革命组织是（　　）。
   A. 兴中会　　　　　　　　　　　B. 华兴会
   C. 光复会　　　　　　　　　　　D. 岳王会

4. 20世纪初，在资产阶级民主革命思想传播中发表《驳康有为论革命书》的是（　　）。
   A. 孙中山　　　　　　　　　　　B. 邹容
   C. 章炳麟　　　　　　　　　　　D. 陈天华

5. 1905年至1907年，资产阶级革命派与改良派论战的焦点是（　　）。
   A. 要不要打倒列强 B. 要不要以革命手段推翻清政府
   C. 要不要实行共和 D. 要不要废科举，兴学堂

6. 1911年夏，湖北、湖南、广东和四川爆发的民众运动是（　　）。
   A. 拒俄运动 B. 拒法运动
   C. 立宪运动 D. 保路运动

7. 在俄国十月革命影响下，率先在中国举起马克思主义旗帜的是（　　）。
   A. 陈独秀 B. 李大钊
   C. 李达 D. 毛泽东

8. 1920年11月，中国共产党早期组织领导建立的第一个产业工会是（　　）。
   A. 上海机器工会 B. 上海印刷工会
   C. 上海纺织工会 D. 中华全国总工会

9. 1930年1月，毛泽东提出以乡村为中心思想的重要著作是（　　）。
   A.《井冈山的斗争》 B.《星星之火，可以燎原》
   C.《反对本本主义》 D.《中国革命和中国共产党》

10. 第五次反"围剿"斗争失败后，1934年10月开始战略转移的是（　　）。
    A. 红十五军团 B. 红一方面军
    C. 红二方面军 D. 红四方面军

11. 1937年8月，中国共产党制定《抗日救国十大纲领》的重要会议是（　　）。
    A. 瓦窑堡会议 B. 洛川会议
    C. 中共六届六中全会 D. 中共六届七中全会

12. 在抗日战争中为国捐躯的八路军副参谋长是（　　）。
    A. 彭雪枫 B. 赵尚志
    C. 杨靖宇 D. 左权

13. 下面不是资产阶级维新派自身弱点和局限主要表现的是（　　）。
    A. 不敢否定封建主义 B. 对帝国主义抱有幻想
    C. 脱离人民群众 D. 缺乏先进阶级的领导

14. 1945年8月，发表《对日寇的最后一战》声明的是（ ）。
   A. 朱德   B. 周恩来
   C. 彭德怀   D. 毛泽东

15. 1945年8月至10月，国共双方举行的谈判是（ ）。
   A. 西安谈判   B. 重庆谈判
   C. 南京谈判   D. 北平谈判

16. 1947年，台湾人民举行的反对国民党反动统治的大规模斗争是（ ）。
   A. 黑旗军起义   B. 一二·一运动
   C. 二二八起义   D. 一二·三〇运动

17. 科学发展观的第一要义是（ ）。
   A. 全面协调可持续   B. 以人为本
   C. 发展   D. 统筹兼顾

18. 2005年10月，中共十六届五中全会提出的战略任务是（ ）。
   A. 建设社会主义新农村   B. 坚持走和平发展道路
   C. 加强党的先进性建设   D. 全面建设小康社会

19. 社会主义改造中对资本主义工商业采取了"四马分肥"的办法，"四马分肥"具体是指（ ）。
   A. 国家所得税、企业公积金、工人工资、股金红利
   B. 国家所得税、企业公积金、工人福利费、股东股息
   C. 国家所得税、工人工资、工人福利费、股东股息
   D. 国家所得税、企业公积金、工人福利费、股金红利

20. 在我国农业合作化过程中，具有半社会主义性质的经济组织形式是（ ）。
   A. 变工队   B. 互助组
   C. 初级农业生产合作社   D. 高级农业生产合作社

21. 我国对资本主义工商业进行社会主义改造的基本政策是（ ）。
   A. 无偿没收   B. 有偿征用
   C. 和平赎买   D. 限制发展

22. 1970年，新中国在科学技术领域取得的重大成就是（　　）。
   A. 第一颗原子弹试验成功　　　　B. 第一颗氢弹试验成功
   C. 第一颗中近程地地核导弹发射成功　　D. 第一颗人造卫星发射成功

23. 中国共产党第一次明确概括社会主义初级阶段基本路线的会议是（　　）。
   A. 中共十三大　　　　　　　　　B. 中共十四大
   C. 中共十五大　　　　　　　　　D. 中共十六大

24. 1990年，邓小平提出的关于中国农业改革与发展的思想是（　　）。
   A. "三个主题，三个补充"　　　　B. "三步走"
   C. "两个飞跃"　　　　　　　　　D. "两个大局"

25. 2001年6月正式成立了第一个以中国城市命名的国际组织，这个中国城市是（　　）。
   A. 上海　　　　　　　　　　　　B. 北京
   C. 厦门　　　　　　　　　　　　D. 杭州

第二部分　非选择题

二、简答题（本大题共5小题，每小题6分，共30分）

26. 简述太平天国定都天京后，先后颁布的两个社会改革方案（重要纲领）及其特点。

27. 简述洋务运动的兴起及其指导思想和主要目的。

28. 简述五四运动的历史特点和历史意义。

29. 简述新中国建立初期中国共产党面临的主要问题和考验。

30. 简述 1979 年 3 月邓小平提出的四项基本原则及坚持这些原则的重要性。

三、论述题（本大题共3小题，考生任选其中2题作答，每小题10分，共20分。如果考生回答的题目超过2题，只按考生回答题目的前2题计分）

31. 试述中国工农红军长征胜利的历史意义。

32. 试述我国对个体农业进行社会主义改造的基本原则和方针。

33. 试述毛泽东等老一代革命家对探索中国社会主义民主政治建设道路的理论贡献。

"中国近现代史纲要"
考前十套通关试卷（八）

 注意事项

1. 本试卷分为两部分，第一部分为选择题，第二部分为非选择题。
2. 应考者必须按试题顺序在答题卡（纸）指定位置上作答，答在试卷上无效。
3. 涂写部分、画图部分必须使用2B铅笔，书写部分必须使用黑色签字笔。

第一部分　选择题

一、单项选择题（本大题共25小题，每小题2分，共50分。在每小题列出的备选项中只有一项是最符合题目要求的，请将其选出）

1. 在19世纪末西方列强瓜分中国的狂潮中，提出"门户开放"政策的国家是（　　）。
   A. 美国　　　　　B. 日本　　　　　C. 俄国　　　　　D. 德国

2. 1842年，中英《南京条约》开放的通商口岸是（　　）。
   A. 广州、厦门、福州、宁波、天津
   B. 广州、厦门、福州、宁波、上海
   C. 广州、厦门、南京、宁波、天津
   D. 汉口、厦门、福州、宁波、天津

3. 太平天国后期，提出《资政新篇》这一具有资本主义色彩改革方案的人是（　　）。
   A. 洪秀全　　　　　　　　　　　B. 杨秀清
   C. 洪仁玕　　　　　　　　　　　D. 石达开

4. 太平天国失败的根本原因是（　　）。
   A. 没有科学理论的指导　　　　　B. 缺乏先进阶级的领导
   C. 无法长期保持领导集团的团结　D. 不能正确对待传统文化

5. 到19世纪90年代，洋务派建成的新式海军中的主力是（　　）。
   A. 北洋水师　　　　　　　　　　　B. 广东水师
   C. 南洋水师　　　　　　　　　　　D. 福建水师

6. 戊戌维新时期，谭嗣同撰写的宣传变法主张的著作是（　　）。
   A.《新学伪经考》　　　　　　　　B.《变法通义》
   C.《仁学》　　　　　　　　　　　D.《日本变政考》

7. 1905年，中国同盟会成立后的机关报是（　　）。
   A.《时务报》　　　　　　　　　　B.《国闻报》
   C.《新民丛报》　　　　　　　　　D.《民报》

8. 中国历史上第一次比较完全意义上的资产阶级民主革命是（　　）。
   A. 戊戌维新运动　　　　　　　　　B. 辛亥革命
   C. 护国运动　　　　　　　　　　　D. 国民革命

9. 1920年3月，在北京大学成立的学习和宣传马克思主义的社团是（　　）。
   A. 新民学会　　　　　　　　　　　B. 觉悟社
   C. 马克思学说研究会　　　　　　　D. 互助社

10. 第一次国共合作建立后，全国范围大革命风暴兴起的标志是（　　）。
    A. 护国战争　　B. 护法运动　　C. 北伐战争　　D. 五卅运动

11. 国民党统治的经济基础暨国民党四大家族官僚资本的性质是（　　）。
    A. 私人垄断资本主义
    B. 封建的买办的国家垄断资本主义
    C. 私人资本主义
    D. 国家资本主义

12. 1930年至1931年，在红一方面军三次反"围剿"斗争胜利的基础上形成了（　　）。
    A. 鄂豫皖革命根据地　　　　　　　B. 左右江革命根据地
    C. 湘鄂西革命根据地　　　　　　　D. 中央革命根据地

13. 1931年11月，当选为中华苏维埃共和国中央执行委员会主席的是（　　）。
    A. 毛泽东　　　B. 周恩来　　　C. 项英　　　D. 王稼祥

14. 抗日战争进入相持阶段后，日本帝国主义对国民党政府的政策转变为（ ）。

　　A. 以军事打击为主，政治诱降为辅

　　B. 以政治诱降为主，军事打击为辅

　　C. 军事打击和政治诱降并重

　　D. 速战速决，武力征服

15. 1941年，在缅北对日作战中以身殉国的中国远征军将领是（ ）。

　　A. 佟麟阁　　　　　　　　　　　　B. 谢晋元

　　C. 张自忠　　　　　　　　　　　　D. 戴安澜

16. 毛泽东在《论持久战》中指出，中国抗日战争取得胜利最关键的阶段是（ ）。

　　A. 战略防御阶段　　　　　　　　　B. 战略相持阶段

　　C. 战略反攻阶段　　　　　　　　　D. 战略决战阶段

17. 1947年在国统区爆发的大规模的爱国学生运动是（ ）。

　　A. 一二·九运动　　　　　　　　　B. 一二·一运动

　　C. 一二·三〇运动　　　　　　　　D. 五二〇运动

18. 1947年10月，被国民党当局宣布为"非法团体"并勒令取缔的民主党派是（ ）。

　　A. 中国农工民主党　　　　　　　　B. 中国民主同盟

　　C. 中国民主促进会　　　　　　　　D. 中国国民党革命委员会

19. 中华人民共和国的成立标志着中国进入了（ ）。

　　A. 社会主义社会　　　　　　　　　B. 新民主主义社会

　　C. 社会主义初级阶段　　　　　　　D. 社会主义高级阶段

20. 在抗美援朝战争中担任中国人民志愿军司令员兼政治委员的是（ ）。

　　A. 朱德　　　　　　　　　　　　　B. 陈毅

　　C. 彭德怀　　　　　　　　　　　　D. 刘伯承

21. 我国农业社会主义改造中，具有完全社会主义性质的经济组织形式是（ ）。

　　A. 变工队　　　　　　　　　　　　B. 互助组

　　C. 初级农业生产合作社　　　　　　D. 高级农业生产合作社

22. 1987年，中共十三大比较系统地阐述的理论是（　　）。
   A. 社会主义初级阶段理论　　　　B. 社会主义市场经济理论
   C. 社会主义本质理论　　　　　　D. "三个有利于"标准理论

23. 中国特色社会主义新时代开启的标志是（　　）。
   A. 中共十六大　　　　　　　　　B. 中共十七大
   C. 中共十八大　　　　　　　　　D. 中共十九大

24. 中国恢复对澳门行使主权的时间是（　　）。
   A. 1997年7月1日　　　　　　　B. 1997年12月20日
   C. 1999年7月1日　　　　　　　D. 1999年12月20日

25. 20世纪以来，中国经历的第三次历史性巨变是（　　）。
   A. 辛亥革命，推翻统治中国两千余年的君主专制制度
   B. 五四运动，揭开新民主主义革命的序幕
   C. 中华人民共和国的成立和社会主义制度的建立
   D. 改革开放，为实现社会主义现代化而奋斗

二、简答题（本大题共5小题，每小题6分，共30分）

26. 简述《资政新篇》中关于政治和经济方面的主要内容。

27. 简述1912年建立的中华民国临时政府的性质。

28. 简述遵义会议集中解决的主要问题及其意义。

29. 简述一二·九运动及其历史意义。

30. 简述《中国人民政治协商会议共同纲领》规定的新中国的经济工作方针。

三、**论述题**（本大题共3小题，考生任选其中2题作答，每小题10分，共20分。如果考生回答的题目超过2题。只按考生回答题目的前2题计分）

31. 试述近代中国社会的主要矛盾、相互关系及其影响和近代以来中华民族面临的历史任务。

32. 试述太平天国的历史意义。

33. 试述中华人民共和国成立的历史意义。

"中国近现代史纲要"

考前十套通关试卷（九）

 注意事项

1. 本试卷分为两部分，第一部分为选择题，第二部分为非选择题。
2. 应考者必须按试题顺序在答题卡（纸）指定位置上作答，答在试卷上无效。
3. 涂写部分、画图部分必须使用2B铅笔，书写部分必须使用黑色签字笔。

第一部分 选择题

一、单项选择题（本大题共25小题，每小题2分，共50分。在每小题列出的备选项中只有一项是最符合题目要求的，请将其选出）

1. 太平天国农民起义爆发的时间是（　　）。
   A. 1851年　　　　　　　　B. 1853年
   C. 1856年　　　　　　　　D. 1864年

2. 最早对兴办洋务的指导思想作出完整表述的人是（　　）。
   A. 冯桂芬　　　　　　　　B. 马建忠
   C. 王韬　　　　　　　　　D. 郑观应

3. 1898年，为对抗维新变法而发表《劝学篇》的洋务派官僚是（　　）。
   A. 李鸿章　　　　　　　　B. 左宗棠
   C. 张之洞　　　　　　　　D. 刘坤一

4. 新文化运动兴起的标志是（　　）。
   A. 梁启超在上海主办《时务报》
   B. 严复在天津主办《国文报》
   C. 陈独秀在上海创办《青年杂志》
   D. 周恩来在天津创办《觉悟》杂志

5. 中国共产党第一次明确提出反帝反封建民主革命纲领的会议是（　　）。
   A. 中共一大　　　　　　　　　B. 中共二大
   C. 中共三大　　　　　　　　　D. 中共四大

6. 1927 年，蒋介石在上海制造了捕杀共产党员和革命群众的（　　）。
   A. 中山舰事件　　　　　　　　B. 整理党务案
   C. 四一二政变　　　　　　　　D. 七一五政变

7. 提出"驱除鞑虏，恢复中华，创立民国，平均地权"政治纲领的是（　　）。
   A. 同盟会　　　　　　　　　　B. 兴中会
   C. 华兴会　　　　　　　　　　D. 日知会

8. 1928 年 12 月，毛泽东主持制定中国共产党历史上第一个土地法是在（　　）。
   A. 吉田　　　　　　　　　　　B. 永新
   C. 井冈山　　　　　　　　　　D. 瑞金

9. 标志着抗日民族统一战线建立的文件是（　　）。
   A.《停战议和一致抗日通电》
   B.《中共中央为公布国共合作宣言》
   C.《为抗日救国告全国同胞书》
   D.《政府与中共代表会谈纪要》

10. 1940 年，在枣宜会战中以身殉国的国民党爱国将领是（　　）。
    A. 佟麟阁　　　　　　　　　　B. 赵登禹
    C. 谢晋元　　　　　　　　　　D. 张自忠

11. 抗日民族统一战线中的顽固势力是指（　　）。
    A. 民族资产阶级　　　　　　　B. 城市小资产阶级
    C. 大地主大资产阶级的抗日派　D. 地方实力派

12. 中国共产党开展的延安整风运动最主要的任务是（　　）。
    A. 反对主观主义　　　　　　　B. 反对宗派主义
    C. 反对官僚主义　　　　　　　D. 反对党八股

13. 新文化运动的主要内容是（　　）。

　　A. 弘扬民族文化　　　　　　　　B. 宣传公平与正义

　　C. 提倡民主和科学　　　　　　　D. 主张文学革命

14. 1946 年，中共中央决定将减租减息政策改为实现"耕者有其田"政策的文件是（　　）。

　　A.《井冈山土地法》

　　B.《兴国土地法》

　　C.《关于清算、减租及土地问题的指示》

　　D.《中国土地法大纲》

15. 1947 年 6 月，晋冀鲁豫野战军千里跃进大别山，揭开了人民解放战争（　　）。

　　A. 战略防御的序幕　　　　　　　B. 战略转移的序幕

　　C. 战略进攻的序幕　　　　　　　D. 战略决战的序幕

16. 1948 年 4 月，毛泽东完整提出新民主主义革命总路线的著作是（　　）。

　　A.《新民主主义论》　　　　　　　B.《目前形势和我们的任务》

　　C.《在晋绥干部会议上的讲话》　　D.《将革命进行到底》

17. 1947 年，国民党宪警制造的镇压爱国学生运动的惨案是（　　）。

　　A. 五卅惨案　　　　　　　　　　B. 校场口惨案

　　C. 下关惨案　　　　　　　　　　D. 五二〇惨案

18. 1948 年 1 月，在香港宣布不接受解散的中国民主党派是（　　）。

　　A. 中国民主同盟　　　　　　　　B. 中国农工民主党

　　C. 中国民主促进会　　　　　　　D. 中国国民党革命委员会

19. 毛泽东在《论人民民主专制》一文中指出，人民民主专政的主要基础是（　　）。

　　A. 工人阶级和民族资产阶级的联盟

　　B. 农民阶级和民族资产阶级的联盟

　　C. 工人阶级和农民阶级的联盟

　　D. 工人阶级和城市小资产阶级的联盟

20. 进入新民主主义社会后，我国在经济上处于领导地位的是（   ）。

    A. 私人资产主义经济　　　　　　　B. 国家资本主义经济

    C. 合作社经济　　　　　　　　　　D. 国营经济

21. 中共中央正式提出党在过渡时期总路线的时间是（   ）。

    A. 1949 年　　　　　　　　　　　B. 1950 年

    C. 1953 年　　　　　　　　　　　D. 1956 年

22. 中国共产党在过渡时期总路线的主体是（   ）。

    A. 对个体农业的社会主义改造　　　B. 对个体手工业的社会主义改造

    C. 对资本主义工商业的社会主义改造　D. 国家的社会主义工业化

23. 20 世纪 70 年代末 80 年代初，提出了"一个国家、两种制度"的构想的国家领导人是（   ）。

    A. 邓小平　　　　　　　　　　　　B. 江泽民

    C. 胡锦涛　　　　　　　　　　　　D. 习近平

24. 中国共产党将"三个代表"重要思想同马克思列宁主义、毛泽东思想、邓小平理论一道确立为党的指导思想的会议是（   ）。

    A. 中共十四大　　　　　　　　　　B. 中共十五大

    C. 中共十六大　　　　　　　　　　D. 中共十七大

25. 将科学发展观写入党章的大会是（   ）。

    A. 中共十六大　　　　　　　　　　B. 中共十七大

    C. 中共十八大　　　　　　　　　　D. 中共十九大

第二部分　非选择题

二、简答题（本大题共 5 小题，每小题 6 分，共 30 分）

26. 简述中共十九大关于我国社会主要矛盾和基本国情的判断。

27. 简述中国共产党在全民族抗战中的中流砥柱作用。

28. 简述延安整风运动的目的、主要内容和意义。

29. 简述抗日战争胜利后的国际格局。

30. 简述毛泽东发表的《论十大关系》一文提出的建设社会主义的基本方针及其意义。

三、论述题（本大题共3小题，考生任选其中2题作答，每小题10分，共20分。如果考生回答的题目超过2题，只按考生回答题目的前2题计分）

31. 试述毛泽东在《论持久战》一文中对中日双方存在着互相矛盾的四个特点的分析。

32. 试述新中国成立初期争取财政经济状况根本好转的三个条件及国民经济迅速恢复的主要原因。

33. 试述社会主义改造基本完成的意义。

"中国近现代史纲要"

考前十套通关试卷（十）

 注意事项

1. 本试卷分为两部分，第一部分为选择题，第二部分为非选择题。
2. 应考者必须按试题顺序在答题卡（纸）指定位置上作答，答在试卷上无效。
3. 涂写部分、画图部分必须使用 2B 铅笔，书写部分必须使用黑色签字笔。

第一部分　选择题

一、单项选择题（本大题共 25 小题，每小题 2 分，共 50 分。在每小题列出的备选项中只有一项是最符合题目要求的，请将其选出）

1. 1894 年 11 月，日军在中国制造了（　　）。
   A. 旅顺大屠杀惨案　　　　　　　B. 江东六十四屯惨案
   C. 济南惨案　　　　　　　　　　D. 南京惨案

2. 将英商进出口货物的具体税率，用中英协定方式固定下来的是（　　）。
   A.《虎门条约》　　　　　　　　B.《五口通商章程：海关税则》
   C.《望厦条约》　　　　　　　　D.《黄埔条约》

3. 1841 年 2 月，战死虎门的清政府爱国将领广东水师提督是（　　）。
   A. 关天培　　　　　　　　　　　B. 林则徐
   C. 海龄　　　　　　　　　　　　D. 邓世昌

4. 19 世纪 60 年代，清朝统治集团中倡导洋务的首领人物是（　　）。
   A. 奕䜣　　　　　　　　　　　　B. 桂良
   C. 曾国藩　　　　　　　　　　　D. 李鸿章

5. 20 世纪初，在民主革命思想传播中发表《警世钟》的是（　　）。
   A. 章炳麟　　　　　　　　　　　B. 邹容
   C. 陈天华　　　　　　　　　　　D. 孙中山

6. 1911年，标志辛亥革命达到高潮的起义是（　　）。
   A. 惠州起义　　　　　　　　　B. 河口起义
   C. 广州起义　　　　　　　　　D. 武昌起义

7. 袁世凯窃夺辛亥革命成果后，于1914年5月炮制了（　　）。
   A. 《戒严法》　　　　　　　　B. 《中华民国约法》
   C. 《钦定宪法大纲》　　　　　D. 《暂行新刑律》

8. 中国共产党确定第一次国共合作和建立革命统一战线方针的会议是（　　）。
   A. 中共三大　　　　　　　　　B. 中共四大
   C. 中共五大　　　　　　　　　D. 中共六大

9. 1927年，汪精卫在武汉制造了屠杀共产党人和革命群众的（　　）。
   A. 中山舰事件　　　　　　　　B. 整理党务案事件
   C. 四一二事变　　　　　　　　D. 七一五事变

10. 1935年，中共北平临时工作委员会领导发动的抗日救亡运动是（　　）。
    A. 一二·九运动　　　　　　　B. 一二·一运动
    C. 一二·三〇运动　　　　　　D. 五二〇运动

11. 提出"精兵简政"政策的是（　　）。
    A. 林伯渠　　　　　　　　　　B. 李鼎铭
    C. 董必武　　　　　　　　　　D. 邓演达

12. 1946年6月，国民党当局制造的镇压上海人民团体联合会请愿团的惨案是（　　）。
    A. 二七惨案　　　　　　　　　B. 校场口惨案
    C. 下关惨案　　　　　　　　　D. 确山惨案

13. 1949年6月，毛泽东发表的系统论述中国共产党建国主张的著作是（　　）。
    A. 《新民主主义论》　　　　　B. 《目前形势和我们的任务》
    C. 《论联合政府》　　　　　　D. 《论人民民主专政》

14. 新中国第一部婚姻法颁布的时间是（　　）。
    A. 1950年5月　　　　　　　　B. 1950年6月
    C. 1951年7月　　　　　　　　D. 1951年8月

15. 新中国建立初期通过没收官僚资本建立了（   ）。
    A. 合作社经济   B. 国家资本主义经济
    C. 国营经济   D. 民族资本主义经济

16. 1951年底到1952年春，中国共产党在党政机关中开展的"三反"运动是（   ）。
    A. 反贪污、反浪费、反官僚主义
    B. 反主观主义、反宗派主义、反党八股
    C. 反贪污、反受贿、反自由主义
    D. 反浪费、反行贿、反形式主义

17. 1950年，毛泽东在中共七届三中全会上提出要用三年左右的时间争取（   ）。
    A. 全国大陆的完全解放   B. 土地改革的彻底完成
    C. 国家财政经济状况的基本好转 D. 抗美援朝战争的最后胜利

18. 1955年，毛泽东总结农业合作化运动基本经验的报告是（   ）。
    A. 《关于农业生产互助合作的决议（草案）》
    B. 《关于发展农业生产合作社的决议》
    C. 《关于农业合作化问题》
    D. 《关于人民公社若干问题的决议》

19. 毛泽东在《论十大关系》中提出，处理中国共产党和民主党派关系的方针是（   ）。
    A. 长期共存，互相监督
    B. 以诚相待，患难与共
    C. 肝胆相照，荣辱与共
    D. 同甘共苦，同舟共济

20. "文化大革命"结束的标志是（   ）。
    A. 天安门事件的发生   B. 林彪反革命集团被粉碎
    C. 江青反革命集团被粉碎   D. 全面整顿的开始

21. 邓小平强调：毛泽东思想的出发点和根本点是（   ）。
    A. 为人民服务   B. 实事求是
    C. 独立自主   D. 群众路线

22. 1978年，我国开展的一场马克思主义思想解放运动是（　　）。
   A. 揭批"四人帮"
   B. 关于真理标准问题的大讨论
   C. 平反冤假错案
   D. 关于社会主义市场经济问题的大讨论

23. 科学发展观的核心是（　　）。
   A. 和谐发展　　　　　　　　　B. 以人为本
   C. 统筹兼顾　　　　　　　　　D. 可持续发展

24. 习近平在十二届全国人大一次会议上进一步强调，实现中华民族伟大复兴的中国梦，就是要实现（　　）。
   A. 国家富强、民族振兴、人民幸福　　B. 中国特色社会主义
   C. 全面建成小康社会　　　　　　　　D. 五位一体

25. 勾画了到2020年全面深化改革时间表、路线图的是（　　）。
   A.《中共中央关于全面推进依法治国若干重大问题的决定》
   B.《关于稳步推进农村集体产权制度改革的意见》
   C.《党的十八届四中全会重要举措实施规划（2015—2020年）》
   D.《中共中央关于全面深化改革若干重大问题的决定》

第二部分　非选择题

二、简答题（本大题共5小题，每小题6分，共30分）

26. 简述近代中国工人阶级的产生及其特点。

27. 简述洋务运动的历史作用。

28. 简述中国早期马克思主义信仰者的三种类型及其代表人物。

29. 简述三湾改编的主要内容。

30. 简述20世纪20年代后期和30年代前期，中共党内屡次出现"左"倾错误的主要原因。

三、论述题（本大题共3小题，考生任选其中2题作答，每小题10分，共20分。如果考生回答的题目超过2题，只按考生回答题目的前2题计分）

31. 试述中国人民抗日战争在世界反法西斯战争中的地位。

32. 试述毛泽东关于正确区分社会主义社会两类不同性质矛盾学说的主要内容及其意义。

33. 试述习近平新时代中国特色社会主义思想。

"中国近现代史纲要"考前十套通关试卷（一）
参考答案与答案解析

一、单项选择题（本大题共 25 小题，每小题 2 分，共 50 分。在每小题列出的备选项中只有一项是最符合题目要求的，请将其选出）

第1题	第2题	第3题	第4题	第5题	第6题	第7题	第8题	第9题
B	C	A	B	A	B	D	D	C
第10题	第11题	第12题	第13题	第14题	第15题	第16题	第17题	第18题
B	C	D	C	A	B	C	A	B
第19题	第20题	第21题	第22题	第23题	第24题	第25题	—	—
C	B	D	C	A	C	A	—	—

1. 【参考答案】B

【师探解析】19 世纪初，向中国大肆走私鸦片的主要国家是英国。开辟新的市场和转移国内矛盾的需要，促使西方列强发动新的侵略战争，他们把目标瞄向中国。1840 年，英国发动第一次鸦片战争。

【本题考点】资本主义制度在欧美主要国家的确立以及殖民扩张对中国的威胁（综合运用）

2. 【参考答案】C

【师探解析】1856 年，英法发动第二次鸦片战争。1858 年清政府分别与英、法、美、俄签订《天津条约》。

【本题考点】资本-帝国主义列强发动的侵华战争以及迫使清政府签订的一系列不平等条约（识记）

3. 【参考答案】A

【师探解析】1862 年奕䜣创办京师同文馆，是洋务运动时期最早创办的翻译学堂；1863 年李鸿章在上海创办广方言馆。

【本题考点】洋务派举办的洋务事业（领会）

4. 【参考答案】B

【师探解析】邹容的《革命军》，阐述了在中国进行民主革命的正义性和必要性，号召人民推翻清朝统治，建立"中华共和国"。

【师探补充】本题其他考法：20世纪初，号召人民推翻清朝统治、建立"中华共和国"的著作《革命军》的作者是邹容。

【本题考点】资产阶级革命派的阶级基础和骨干力量（领会）

5. 【参考答案】A

【师探解析】1911年4月27日，在黄兴的亲自带领下，120多名革命志士在广州举行起义。起义失败后，遇难者72人被葬于广州红花岗（改名为黄花岗），史称"黄花岗起义"（广州起义）。

【本题考点】各地武装起义与保路风潮（识记）

6. 【参考答案】B

【师探解析】1925年5月30日，在中国共产党的领导下，上海工人和学生举行反帝示威活动，遭到租界巡捕枪击，打死13人，打伤数十人，捕去53人，酿成震惊中外的五卅惨案。此后，工人罢工，学生罢课，商人罢市，反对帝国主义的民族运动浪潮迅速席卷全国。全国范围的大革命风暴起始于五卅运动。

【本题考点】国民革命的兴起（领会）

7. 【参考答案】D

【师探解析】1927年8月7日，中共中央在汉口秘密召开紧急会议（即八七会议）。会议彻底清算了大革命后期陈独秀的右倾机会主义错误，确定了土地革命和武装斗争的方针，并选出了以瞿秋白为首的中央临时政治局。八七会议给正处在思想混乱和组织涣散中的中国共产党指明了出路。这是由大革命失败到土地革命战争兴起的一个历史转折点。

【本题考点】八七会议（识记）

8. 【参考答案】D

【师探解析】在土地革命战争前中期，"左"倾错误先后三次在中国共产党中央领导机关取得统治地位。第一次是1927年11月至1928年4月的"左"倾盲动错误；第二次是1930年6月至9月以李立三为代表的"左"倾冒险主义；第三次是1931年1月至1935年1月以陈绍禹（王明）为代表的"左"倾教条主义。

【本题考点】王明"左"倾教条主义的主要错误及其危害（简单运用）

9. 【参考答案】C

【师探解析】1935年1月15至17日，中共中央政治局在遵义召开扩大会议。会议集中全力解决了当时具有决定意义的军事和组织问题。遵义会议开始确立以毛泽东为代表的马克思主义正确路线在党中央的领导地位，在极其危急的情况下挽救了中国共产党、挽救了中国工农红军、挽救了中国革命，成为中国共产党历史上一个生死攸关的转折点。这为党和革命事业转危为安、不断打开新局面提供了最重要的保证。

【本题考点】遵义会议的召开及其意义（综合运用）

10. 【参考答案】B

【师探解析】1933年11月，国民党第十九路军将领蔡廷锴、蒋光鼐及国民党内李济深、陈铭枢等反蒋爱国人士在福州发动抗日反蒋事变。

【师探解析】本题其他考法：1933年11月，在福州发动抗日反蒋事变的国民党爱国将领是<u>蔡廷锴、蒋光鼐</u>。

【本题考点】国民党第十九路军抗日反蒋事变（识记）

11. 【参考答案】C

【师探解析】1946年6月26日，国民党军以大举围攻中原解放区为起点，挑起了全国性的内战。

【本题考点】必须和能够打败蒋介石（简单运用）

12. 【参考答案】D

【师探解析】1949年3月，中共七届二中全会在河北省平山县西柏坡村召开。其主要内容是：第一，规定了全国胜利后中国共产党在政治、经济、外交方面应当采取的基本政策；第二，指出了中国由农业国转变为工业国、由新民主主义社会转变为社会主义社会的发展方向；第三，在中国共产党自身建设的问题上，提出了"两个务必"的要求。

【本题考点】中共七届二中全会的主要内容（领会）

13. 【参考答案】C

【师探解析】1948年12月30日，毛泽东在为新华社写的1949年新年献词《将革命进行到底》一文中指出，必须将革命进行到底，用革命的方法，坚决彻底干净全部地消灭一切反动势力，在全国范围内推翻国民党的反动统治，建立无产阶级领导的以工农联盟为主体的人民民主专政的共和国。

【本题考点】人民解放军占领南京及其向全国进军（识记）

14. 【参考答案】A

【师探解析】新中国在核技术、人造卫星和运载火箭等尖端科学技术领域，取得了一系列重要的成就。1964年10月，中国爆炸了第一颗原子弹。1966年10月，装有核弹头的中近程地地导弹发射成功。1967年6月，爆炸了第一颗氢弹。1970年4月，第一颗人造地球卫星发射成功。

【本题考点】"两弹一星"（识记）

15. 【参考答案】B

【师探解析】1967年2月中旬，在有部分中共中央政治局委员、国务院和中共中央军委领导人参加的碰头会上，谭震林、陈毅、叶剑英、李富春、李先念、徐向前、聂荣臻等对"中央文革小组"的错误做法提出强烈的批评。然而，这次抗争却被诬称为"二月逆流"而遭到压制。

【本题考点】"二月逆流"（识记）

16. 【参考答案】C

【师探解析】新中国在核技术、人造卫星和运载火箭等尖端科学技术领域，取得了一系列重要的成就。1964年10月，第一颗原子弹试验成功。1966年10月，第一颗装有核弹头的中近程地地导弹发射成功。1967年6月，第一颗氢弹试验成功。1970年4月，第一弹人造卫星发射成功。

【本题考点】"两弹一星"（识记）

17. 【参考答案】A

【师探解析】中共十一届三中全会是新中国成立以来党的历史上具有深远意义的伟大转折，它揭开了社会主义改革开放的序幕。

【本题考点】中共十一届三中全会的历史贡献（综合运用）

18. 【参考答案】B

【师探解析】1984年10月，中共十二届三中全会通过《关于经济体制改革的决定》。

【本题考点】中共十二届三中全会《关于经济体制改革的决定》（领会）

19. 【参考答案】C

【师探解析】1988年4月，七届全国人大一次会议通过设立海南省和建立海南经济特区的决定。

【本题考点】多层次对外开放格局（领会）

20.【参考答案】B

【师探解析】1992年10月12日至18日，中国共产党第十四次全国代表大会在北京召开。大会明确提出，我国经济体制改革的目标是建立社会主义市场经济体制。以1992年邓小平南方谈话和中共十四大为标志，改革开放和现代化建设事业进入从计划经济体制向社会主义市场经济体制转变的新阶段，由此打开了中国经济、政治、文化发展的崭新局面。

【本题考点】中共十四大（识记）

21.【参考答案】D

【师探解析】2005年3月，十届全国人大三次会议高票通过《反分裂国家法》，将中国人民维护国家领土主权完整的坚强决心通过立法形式表达出来。

【本题考点】《反分裂国家法》（识记）

22.【参考答案】C

【师探解析】实践证明，中国共产党对农业合作化运动的指导方针是正确的，由此开创了一条有中国特点的农业合作化道路。其基本原则和方针是：第一，在中国的条件下，可以走先合作化、后机械化的道路。在土地改革基本完成后，及时将"组织起来"作为农村工作的一件大事来抓。第二，充分利用和发挥土改后农民的两种生产积极性，通过互助组、初级农业生产合作社、高级农业生产合作社这种由低到高的互助合作的组织形式，实行积极发展、稳步前进、逐步过渡的方针。第三，农业互助合作的发展，要坚持自愿和互利的原则，采取典型示范、逐步推广的方法，发展一批，巩固一批。第四，要始终把是否增产作为衡量合作社是否办好的标准。第五，要把社会改造同技术改造相结合。在实现农业合作化以后，国家应努力用先进的技术和装备发展农业经济。

【本题考点】对农业社会主义改造的基本原则和方针（综合运用）

23.【参考答案】A

【师探解析】中共十八大强调确保到2020年实现全面建成小康社会的目标，即经济持续健康发展，人民民主不断扩大，文化软实力显著增强，人民生活水平全面提高，资源节约型、环境友好型社会建设取得重大进展。

【本题考点】中共十八大（识记）

24.【参考答案】 C

【师探解析】 2014年2月，十二届全国人大常委会第七次会议决定，将9月3日确定为中国人民抗日战争胜利纪念日，将12月13日设立为南京大屠杀死难者国家公祭日。

【本题考点】 统筹推进"五位一体"总体布局（综合运用）

25.【参考答案】 A

【师探解析】 中共十九大强调，坚持和发展中国特色社会主义，是习近平新时代中国特色社会主义思想的核心要义。

【本题考点】 中共十九大（识记）

二、简答题（本大题共5小题，每小题6分，共30分）

26.【参考答案】

◎ 简述19世纪末维新派和守旧派论战的主要问题及其意义。（6分）

（1）主要问题：① 要不要变法；② 要不要兴民权、设议院，实行君主立宪；③ 要不要废八股、改科举和兴学堂。（3分）

（2）意义：比较集中地反映了近代中国在文化思想领域中学和西学、新学和旧学之争，进一步开阔了新型知识分子的眼界，为维新变法的运动作了思想舆论的准备。（3分）

【本题考点】 维新派与守旧派的论战（领会）

27.【参考答案】

◎ 简述兴中会的成立及其誓词。（6分）

（1）成立：1894年，孙中山北上京津向李鸿章上书，尝试采取和平的手段来推进中国的变革与进步，但并未受到重视。孙中山在北上过程中发现清政府比他原先了解的还要腐败，从此放弃改良主张，走上了资产阶级民主革命之路。同年，在檀香山组织了中国第一个资产阶级革命组织——兴中会。（4分）

（2）誓词：驱除鞑虏，恢复中国，创立合众政府。（2分）

【本题考点】 孙中山与兴中会的建立（识记）

28.【参考答案】

◎ 简述大革命失败后，国民党政府的军事独裁统治的主要表现。（6分）

（1）首先，建立庞大的军队。（1分）

（2）其次，建立密布全国的特务系统。（1分）

（3）再次，大力推行保甲制度。（1分）

（4）最后，厉行文化专制主义。（1分）

国民党政府主要就是通过这些方法，来维护帝国主义、封建主义、官僚资本主义的利益，巩固自身统治的。（2分）

【本题考点】 国民党的独裁统治（简单运用）

29.**【参考答案】**

◎ 简述中国人民抗日战争胜利的主要原因及中国共产党的中流砥柱作用是中国人民抗日战争胜利的关键。（6分）

（1）主要原因：

① 以爱国主义为核心的伟大民族精神是中国人民抗日战争胜利的决定因素。（0.5分）

② 中国共产党的中流砥柱作用是中国人民抗日战争胜利的关键。（0.5分）

③ 全民族抗战是中国人民抗日战争胜利的重要法宝。（1分）

④ 世界所有爱好和平和正义的国家和人民、国际组织以及各种反法西斯力量的同情和支持，是中国人民抗日战争取得胜利的国际条件。（1分）

（2）抗战胜利的关键：

① 中国共产党自成立之日起就把实现中华民族伟大复兴作为自己的历史使命。（1分）

② 在抗日战争中，中国共产党坚持全面抗战路线，制定正确战略策略，开辟广大敌后战场，成为坚持抗战的中坚力量。（1分）

③ 中国共产党人以自己的政治主张、坚定意志、模范行动，支撑起全民族救亡图存的希望，引领着夺取战争胜利的正确方向，成为夺取战争胜利的民族先锋。（1分）

【本题考点】 抗日战争胜利的主要原因（简单运用）；中国共产党（及其领导的人民抗日力量）是抗日战争的中流砥柱（综合运用）

30.**【参考答案】**

◎ 简述中国各民主党派形成时的社会基础及其性质。（6分）

（1）社会基础：主要是民族资产阶级、城市小资产阶级以及同这些阶级相联系的知识分子和其他爱国分子。（3分）

（2）性质：所联系和代表的是这些阶级、阶层的人们，在反帝爱国和争取民主共同要求基础上的联合，是阶级联盟性质的政党。在它们的成员和领导骨干中，还有一定数量的革命知识分子和少数共产党人。（3分）

【本题考点】民主党派（识记）

三、论述题（本大题共3小题，考生任选其中2题作答，每小题10分，共20分。如果考生回答的题目超过2题，只按考生回答题目的前2题计分）

31.【参考答案】

◎ 试述中国共产党成立的历史意义。（10分）

（1）标志着中国革命终于有了一个坚强的领导核心。（4分）

（2）中国革命从此有了一个科学的指导思想。（3分）

（3）沟通了中国革命与世界革命的联系。（3分）

【本题考点】中国共产党的成立是中华民族发展史上开天辟地的大事变（综合运用）

32.【参考答案】

◎ 试述中共十一届三中全会以来改革开放和社会主义现代化建设取得的成就。这些成就的取得说明了什么？（10分）

（1）成就：极大解放和发展了中国社会生产力，国民经济保持持续快速健康发展，现代化建设事业稳步推进，综合国力和国际竞争力显著提高；社会主义市场经济体制不断完善，各项改革事业取得重大进展，对外开放取得新突破；社会主义民主法治建设迈出重大步伐，取得重要进展；社会主义文化建设成效显著；人民生活不断改善；生态文明建设成效显著；强军兴军开创新局面；坚持"一国两制"，推进祖国统一；深入展开全方位外交；全面推进党的建设新的伟大工程。（6分）

（2）说明：必须坚定中国特色社会主义道路自信、理论自信、制度自信、文化自信。（4分）

【本题考点】改革开放40年的巨大成就（综合运用）

33.【参考答案】

◎ 试述习近平关于实现中华民族伟大复兴中国梦的提出。（10分）

（1）习近平提出，实现中华民族伟大复兴就是中华民族近代以来最伟大的梦想，实现全面建成小康社会目标是实现中华民族伟大复兴中国梦的关键一步。（4分）

（2）实现中华民族伟大复兴的中国梦，就是要实现国家富强、民族振兴、人民幸福。(3分)

（3）实现的途径：

① 实现中国梦必须走中国道路，即中国特色社会主义道路。(1分)

② 实现中国梦必须弘扬中国精神。(1分)

③ 实现中国梦必须凝聚中国力量。(1分)

【本题考点】 实现中华民族伟大复兴的中国梦（简单运用）

"中国近现代史纲要"考前十套通关试卷(二)
参考答案与答案解析

一、单项选择题(本大题共 25 小题,每小题 2 分,共 50 分。在每小题列出的备选项中只有一项是最符合题目要求的,请将其选出)

第1题	第2题	第3题	第4题	第5题	第6题	第7题	第8题	第9题
B	A	D	B	C	A	C	B	D
第10题	第11题	第12题	第13题	第14题	第15题	第16题	第17题	第18题
A	B	C	C	B	D	B	B	D
第19题	第20题	第21题	第22题	第23题	第24题	第25题	—	—
B	A	A	C	A	D	B	—	—

1. 【参考答案】B

【师探解析】从公元前 5 世纪的战国时代到 1840 年的鸦片战争,中国的封建社会前后延续了 2 000 多年。

【师探补充】中国的封建社会有以下几个特点:在经济上,封建土地所有制占主导地位。在政治上,实行高度中央集权的封建君主专制制度。在文化上,以儒家思想为核心。在社会结构上,形成族权和政权相结合的封建宗法等级制度。

【本题考点】中国封建社会的基本特点(领会)

2. 【参考答案】A

【师探解析】1840 年,英国发动第一次鸦片战争。清政府先后与英国签订中英《江宁条约》(即《南京条约》)、《五口通商章程》和《虎门条约》,与美国签订中美《望厦条约》,与法国签订中法《黄埔条约》。

【本题考点】资本-帝国主义列强发动的侵华战争以及迫使清政府签订的一系列不平等条约(识记)

3. 【参考答案】D

【师探解析】在半殖民地半封建的中国,帝国主义与中华民族的矛盾、封建主义与人民大众的矛盾是两对主要矛盾,而帝国主义与中华民族的矛盾,乃是各种矛盾中最主要的矛盾。

【师探补充】中国封建社会的主要矛盾，是地主阶级和农民阶级的矛盾。

【本题考点】半殖民地半封建社会的两对主要矛盾及其关系（综合运用）

4. 【参考答案】B

【师探解析】自1840年至1919年，中国人民为反对外来侵略进行了英勇斗争，但都失败了，究其原因：一是社会制度的腐败，二是经济技术的落后，而前者是最根本的原因。

【本题考点】近代中国人民反侵略斗争失败的原因（简单运用）

5. 【参考答案】C

【师探解析】19世纪末期，帝国主义列强瓜分中国的图谋并未实现，其原因是多方面的。帝国主义列强之间的矛盾和相互制约，是一个重要原因。最根本原因是中国人民进行了不屈不挠的反侵略斗争。

【本题考点】19世纪末帝国主义列强瓜分中国的图谋及其失败的原因（领会）

6. 【参考答案】A

【师探解析】从19世纪60年代到90年代，洋务派举办的洋务事业归纳起来主要有以下三个方面：一是兴办近代企业；二是建立新式海陆军；三是创办新式学堂、派遣留学生。近代中国向西方派遣第一批留学生是在洋务运动时期。

【师探补充】洋务运动的历史作用：第一，在客观上促进了中国早期工业和民族资本主义的发展；第二，成为中国近代教育的开端（洋务派开办了一批新式学堂，派出了最早的官派留学生，这是中国近代教育的开始）；第三，传播了新知识，打开了人们的眼界；第四，引起了社会风气和价值观念的变化。

【本题考点】洋务派举办的洋务事业（领会）

7. 【参考答案】C

【师探解析】新文化运动提倡白话文、反对文言文，提倡新文学、反对旧文学，主张文学革命。1918年5月，鲁迅发表《狂人日记》，这是新文学运动的第一篇白话文小说。

【本题考点】陈独秀与新文化运动的兴起（识记）

8. 【参考答案】B

【师探解析】1922年1月，香港海员为要求增加工资举行罢工。在苏兆征、林伟民等领导下，罢工坚持了56天，迫使港英当局答应增加工资。这是中国工人阶级第一次直接同帝国主义势力进行的有组织的较量，成为第一次工人运动高潮的起点。

【本题考点】中国共产党成立初期领导发动的工农运动（领会）

9.【参考答案】D

【师探解析】1927年8月7日，中共中央在汉口秘密召开紧急会议（即八七会议）。会议彻底清算了大革命后期陈独秀的右倾机会主义错误，确定了土地革命和武装斗争的方针。八七会议给正处在思想混乱和组织涣散中的中国共产党指明了出路。这是由大革命失败到土地革命战争兴起的一个历史转折点。

【师探补充】毛泽东在八七会议上：强调党"以后要非常注意军事。须知政权是由枪杆子中取得的"。

【本题考点】八七会议（识记）

10.【参考答案】A

【师探解析】新民主主义革命的开端五四运动的直接导火索是巴黎和会上中国外交的失败。五四运动爆发的条件有三点：一是俄国十月革命的影响（思想基础）；二是中国工人阶级和民族资产阶级力量的壮大（阶级力量）；三是新文化运动的推动（群众基础和骨干力量）。

【本题考点】五四运动（识记）

11.【参考答案】B

【师探解析】1936年10月，红二、四方面军先后同红一方面军在甘肃会宁、静宁将台堡（今属宁夏回族自治区）会师，胜利结束长征。

【本题考点】红军长征的胜利及其意义（综合运用）

12.【参考答案】C

【师探解析】抗日战争时期国民党领导的正面战场始终是中国抗战的重要战场，在全民族抗战中具有重要地位。1938年3月，李宗仁领导的第五战区在台儿庄战役中，歼灭日军1万余人，取得大捷。

【本题考点】台儿庄战役（识记）

13.【参考答案】C

【师探解析】针对不法资本家行贿党政干部情况的严重发展，1951年底到1952年春，中国共产党在党政机关工作人员中开展了反贪污、反浪费、反官僚主义的"三反"运动，处决了犯有严重贪污罪行的中共天津地委前任书记刘青山、现任书记张子善，处理了一批党政干部。

【本题考点】"三反"运动（识记）

14.【参考答案】B

【师探解析】从1953年开始的发展国民经济的第一个五年计划，把优先发展重工业作为建设的中心环节。

【本题考点】第一个五年计划及工业建设的成就（领会）

15.【参考答案】D

【师探解析】中共八大专门安排党和国家领导人及各方面代表作大会发言。在发言中，陈云提出"三个主体、三个补充"的思想，即国家经营和集体经营是主体，一定数量的个体经营为补充；计划生产是主体，一定范围的自由生产为补充；国家市场是主体，一定范围的自由市场为补充。

【师探补充】本题"三个主体、三个补充"也可作为选择题考点。

【本题考点】中共八大制定的路线及其意义（简单运用）

16.【参考答案】B

【师探解析】1957年2月，毛泽东在扩大的最高国务会议上发表《关于正确处理人民内部矛盾的问题》的讲话，提出要把正确处理人民内部矛盾作为国家政治生活的主题。

【本题考点】毛泽东关于社会主义基本矛盾的分析（简单运用）

17.【参考答案】B

【师探解析】为统一思想，总结经验教训和明确工作方向，1962年1、2月间，中共中央在北京召开扩大的中央工作会议，来自中央、大区、省市自治区、地区、县五级党政军领导干部七千余人与会，史称"七千人大会"。大会与会者对前几年的工作展开批评和自我批评。这次会议对恢复实事求是、民主精神和自我批评精神起了积极作用。

【本题考点】七千人大会的召开及其意义（简单运用）

18.【参考答案】D

【师探解析】1966年5月至1976年10月的"文化大革命"，是全局性的、长时间的"左"倾严重错误。它使中国共产党、国家和人民遭到新中国成立以来最严重的挫折和损失。这场"文化大革命"是毛泽东发动和领导的。

【本题考点】"文化大革命"的发动（领会）

19. 【参考答案】B

【师探解析】1978年5月11日,《光明日报》发表题为《实践是检验真理的唯一标准》的特邀评论员文章,在全国开始了关于真理标准问题的大讨论。

【本题考点】关于真理标准问题大讨论(简单运用)

20. 【参考答案】A

【师探解析】1978年12月18日至22日,中共十一届三中全会在北京召开。中共十一届三中全会是新中国成立以来党的历史上具有深远意义的伟大转折。全会结束了粉碎"四人帮"后两年在徘徊中前进的局面,开始了中国共产党在思想、政治、组织等领域的全面拨乱反正,形成了以邓小平为核心的党的中央领导集体,揭开了社会主义改革开放的序幕。

【师探补充】本题其他考法:中国进入了改革开放和社会主义现代化建设新时期的历史起点是中共十一届三中全会。

【本题考点】中共十一届三中全会的历史贡献(综合运用)

21. 【参考答案】A

【师探解析】1979年1月1日,全国人大常委会发表《告台湾同胞书》,建议:"首先应当通过中华人民共和国政府和台湾当局之间的商谈结束这种军事对峙状态,以便为双方的任何一种范围的交往接触创造必要的前提和安全的环境。"

【师探补充】同日(1979年1月1日),中美两国正式建立外交关系。

【本题考点】全国人大常委会《告台湾同胞书》(识记)

22. 【参考答案】C

【师探解析】1983年4月,中共中央和国务院决定对海南岛实行经济特区的某些政策,给予较多的自主权,以加速海南岛的开发。1988年4月,七届全国人大一次会议通过设立海南省和建立海南经济特区的决定。

【本题考点】经济特区(识记)

23. 【参考答案】A

【师探解析】1987年10月25日至11月1日,中国共产党第十三次全国代表大会在北京举行。大会比较系统地阐述了关于社会主义初级阶段的理论,完整地概括了中国共产党在社会主义初级阶段"一个中心、两个基本点"的基本路线,制定了下一步经济体制改革和政治体制改革的基本任务和奋斗目标。

【本题考点】中共十三大(识记)

"中国近现代史纲要"考前十套通关试卷（二）参考答案与答案解析

24.【参考答案】D

【师探解析】2004年9月，中共十六届四中全会提出构建社会主义和谐社会的战略任务。

【本题考点】构建社会主义和谐社会（简单运用）

25.【参考答案】B

【师探解析】中国特色社会主义进入新时代，我国社会主要矛盾已经转化为人民日益增长的美好生活需要和不平衡不充分的发展之间的矛盾。

【本题考点】中共十九大（识记）

二、简答题（本大题共5小题，每小题6分，共30分）

26.【参考答案】

◎ 简述资产阶级维新派宣传变法维新的主要活动。（6分）

资产阶级维新派主要通过以下行动宣传变法维新主张：

（1）向皇帝上书。（1分）

（2）著书立说。（1分）

（3）介绍外国的变法。（1分）

（4）办学会、办报纸、设学堂。（1分）

维新派以各种方式宣传变法主张，培养骨干力量，制造社会舆论，重点则放在争取光绪皇帝及其周围的帝党官员的支持上，希望通过他们自上而下地实行变法。（2分）

【本题考点】维新派宣传变法维新主张的活动（领会）

27.【参考答案】

◎ 简述中共二大制定的民主革命纲领。（6分）

中共二大规定了中国共产党的最高纲领和最低纲领。党的最低纲领，即党在当前阶段也就是民主革命阶段的纲领是：

（1）消除内乱，打倒军阀，建设国内和平。（2分）

（2）推翻国际帝国主义的压迫，达到中华民族完全独立。（2分）

（3）统一中国为真正的民主共和国。（2分）

【师探补充】党的最高纲领是实现社会主义、共产主义。

【本题考点】中共二大（识记）

28. 【参考答案】
◎ 简述1927年9月毛泽东领导的湘赣边界秋收起义的特点。(6分)
(1) 它放弃了"左派国民党"运动的旗号,公开打出了"工农革命军"的旗帜。(3分)
(2) 它不仅是军队的行动,而且有数量众多的工农武装参加。(3分)
【本题考点】毛泽东与湘赣边界秋收起义(识记)

29. 【参考答案】
◎ 简述抗日民族统一战线中的顽固势力及中国共产党与其斗争的政策和原则。(6分)
(1) 顽固势力:指大地主大资产阶级的抗日派,即以蒋介石集团为代表的国民党亲英美派。(2分)
(2) 政策:中国共产党必须以革命的两面政策来对付他们,即贯彻又联合又斗争的政策,斗争不忘团结,团结不忘斗争,二者不可偏废,而以团结为主。(2分)
(3) 原则:同顽固派作斗争时,应坚持有理、有利、有节的原则。只有这样,才能达到以斗争求团结的目的。(2分)
【本题考点】中国共产党关于巩固和扩大抗日民族统一战线的策略总方针(综合运用)

30. 【参考答案】
◎ 简述20世纪50年代,我国对资本主义工商业采取和平赎买政策的特点。(6分)
(1) 有偿地而不是无偿地,逐步地而不是突然地改变资产阶级的所有制。(2分)
(2) 在改造他们的同时,给予他们以必要的工作安排。(2分)
(3) 不剥夺资产阶级的选举权,并且对于他们中间积极拥护社会主义改造,并在这个改造事业中有所贡献的代表人物给以恰当的政治安排。(2分)
【本题考点】对资本主义工商业采取和平赎买政策的特点及意义(综合运用)

三、论述题（本大题共 3 小题，考生任选其中 2 题作答，每小题 10 分，共 20 分。如果考生回答的题目超过 2 题，只按考生回答题目的前 2 题计分）

31.【参考答案】

◎ 试述中国半殖民地半封建社会的主要矛盾、矛盾的影响及其相互关系和近代以来中华民族面临的历史任务。（10 分）

（1）主要矛盾：帝国主义与中华民族的矛盾，这也是各种矛盾中最主要的矛盾；封建主义与人民大众的矛盾。（2 分）

（2）影响：近代中国的民族民主革命，就是在这些主要矛盾及其激化的基础上发生和发展起来的。中国人民近百年不屈不挠的英勇斗争，就是为了解决中国社会的主要矛盾，推动中国社会前进。从此中国进入旧民主主义革命时期，中国人民肩负着反帝反封建的双重任务。（3 分）

（3）相互关系：

① 当外国列强向中国发动侵略战争时，为避免亡国灭种的危险，中国内部各阶级，除了汉奸、卖国贼外，能够暂时团结起来共同对敌，阶级矛盾降到次要地位，而民族矛盾上升到主要地位。（1 分）

② 当外国侵略者同中国封建政权相勾结，共同镇压中国革命，尤其是封建地主阶级对人民的压迫特别残酷时，中国人民往往用战争的形式反对封建政权，这时阶级矛盾就上升为主要矛盾。（1 分）

③ 当国内战争发展到直接威胁帝国主义在华利益以及中国封建地主阶级统治时，外国列强甚至直接出兵，镇压中国人民，援助中国反动派，这时外国列强和国内封建主义完全公开站在一条战线上。（1 分）

（4）历史任务：

① 一是求得民族独立和人民解放。（1 分）

② 二是实现国家繁荣富强和人民共同富裕。（1 分）

【本题考点】半殖民地半封建社会的两对主要矛盾及其关系（综合运用）；实现中华民族伟大复兴，是中华民族近代以来最伟大的梦想（综合运用）

32.【参考答案】

◎ 试述 20 世纪初资产阶级革命派与改良派论战的主要内容、意义和论战焦点及革命派在这一问题上的主张。（10 分）

（1）辩论的主要内容及焦点：

① 要不要以革命手段推翻清政府。（1分）这是论战的焦点。（1分）

② 要不要推翻帝制，实行共和。（1分）

③ 要不要社会革命。（1分）

（2）论战的意义：

① 划清了革命与改良的界限，使人们清楚地认识到实行民主革命的必要性，从而加入革命的行列。（2分）

② 使资产阶级民主思想和三民主义思想得到了更加广泛的传播，为推翻清朝统治的革命斗争奠定了思想基础。（2分）

（3）革命派关于论战焦点的看法：

① 革命派控诉清政府卖国媚外的罪行，强调救国必先推翻清王朝；认为革命不免流血，但可"救世救人"，是疗治社会的捷径；革命就是为了建设，破坏与建设是革命的两个方面。（1分）

② 革命派还反驳了改良派提出的革命会招致天下大乱和帝国主义干涉之谬论。（1分）

【本题考点】革命派与改良派的论战及其意义（综合运用）

33.【参考答案】

◎ 试述中国新民主主义革命胜利的主要原因和基本经验。（10分）

（1）主要原因：

① 有了中国工人阶级的先锋队——中国共产党的领导。（3分）

② 广大人民和各界人士的广泛参加与大力支持。工人、农民、城市小资产阶级群众是民主革命的主要力量；随着斗争的发展，民族资产阶级也逐步向共产党靠拢。（2分）

③ 国际无产阶级和人民群众的支持。（2分）

（2）基本经验：

① 建立广泛的统一战线。这是坚持和发展革命的政治基础。（1分）

② 坚持革命的武装斗争。中国革命只能以长期的武装斗争作为主要形式。（1分）

③ 加强共产党自身的建设。（1分）

【本题考点】中国革命胜利的主要原因和基本经验（综合运用）

"中国近现代史纲要"考前十套通关试卷（三）
参考答案与答案解析

一、单项选择题（本大题共 25 小题，每小题 2 分，共 50 分。在每小题列出的备选项中只有一项是最符合题目要求的，请将其选出）

第1题	第2题	第3题	第4题	第5题	第6题	第7题	第8题	第9题
B	A	C	C	C	C	A	B	C
第10题	第11题	第12题	第13题	第14题	第15题	第16题	第17题	第18题
A	B	C	B	A	D	C	A	B
第19题	第20题	第21题	第22题	第23题	第24题	第25题	—	—
B	B	D	C	B	B	D	—	—

1. 【参考答案】B

【师探解析】1840 年第一次鸦片战争是中国近代史的开端。战争以中国失败而告终。中国逐渐沦入了国家政权形式上仍然存在，而主权受制于外国列强的半殖民地社会。与此同时，鸦片战争后，外国资本主义入侵，中国出现了资本主义生产关系，不再是完全意义上的封建社会，而是一个半封建社会了。综上，近代中国社会的性质是半殖民地半封建社会。

【师探补充】从公元前 5 世纪的战国时代到 1840 年的鸦片战争，中国的封建社会前后延续了 2 000 多年。近代之前中国的社会性质为封建社会。

【本题考点】近代中国半殖民地半封建社会的特点（识记）

2. 【参考答案】A

【师探解析】鸦片战争时期，中国人民便掀起了反对外来侵略的斗争。1841 年 5 月，广州郊区三元里人民联络附近 103 个乡的群众，与英国侵略者展开激烈战斗。这是中国近代史上中国人民第一次大规模的反侵略武装斗争。

【本题考点】三元里人民的抗英斗争（识记）

3. 【参考答案】C

【师探解析】中日甲午战争后，帝国主义列强侵略中国进入了一个新的阶段，中国面临空前的民族危机。亡国灭种的威胁迫使中国人去探求新的救国方案。以康有为、梁启超、谭嗣同、严复等为代表的资产阶级维新派掀起了一场维新救亡运动。

【本题考点】康有为、梁启超与维新派（识记）

4.【参考答案】C

【师探解析】以孙中山为代表的资产阶级革命派举起民族民主革命的旗帜，成立了中国第一个资产阶级性质的政党——中国同盟会。

【本题考点】中国同盟会（识记）

5.【参考答案】C

【师探解析】戊戌维新是中国民族资产阶级登上政治舞台的第一次表演，显示了民族资产阶级及其知识分子的政治朝气，表达了这一新兴阶级的政治追求。

【本题考点】戊戌维新运动的历史意义和影响（综合运用）

6.【参考答案】C

【师探解析】1912年3月，临时参议院颁布《中华民国临时约法》。这是中国历史上第一部具有资产阶级共和国宪法性质的法典。

【本题考点】《中华民国临时约法》（识记）

7.【参考答案】A

【师探解析】20世纪初，中国掀起了一场猛烈抨击封建思想的文化启蒙运动，即以提倡民主和科学为主要内容的新文化运动。新文化运动初期，以资产阶级民主主义为思想武器。

【本题考点】陈独秀与新文化运动的兴起（识记）

8.【参考答案】B

【师探解析】五四运动是中国新民主主义革命的开端。五四运动后，无产阶级逐渐代替资产阶级成为近代中国民族民主革命的领导者。

【本题考点】新民主主义革命的开端，五四运动的历史意义（综合运用）

9.【参考答案】C

【师探解析】1927年8月7日，中共中央在汉口秘密召开紧急会议（即八七会议）。毛泽东在发言中既充分肯定开展农民运动的必要性；又特别强调军事运动必须同民众运动结合起来，强调党"以后要非常注意军事。须知政权是由枪杆子中取得的"。

【师探补充】本题其他考法：1927年，毛泽东在中共八七会议上提出的著名诊断是"须知政权是由枪杆子中取得的"。

【本题考点】八七会议（识记）

10. 【参考答案】A

【师探解析】1927年8月1日，以周恩来为书记的前敌委员会及贺龙、叶挺、朱德、刘伯承等人，率领共产党掌握或影响下的北伐军2万多人在南昌举行起义。南昌起义成为共产党独立领导革命战争、创建人民军队和武装夺取政权的伟大开端。

【师探补充】8月1日为建军节，源于1927年8月1日的南昌起义。南昌起义，打响了武装反抗国民党反动统治的第一枪，成为共产党独立领导革命战争、创建人民军队和武装夺取政权的伟大开端，揭开了土地革命战争的序幕。

【本题考点】南昌起义的意义（领会）

11. 【参考答案】B

【师探解析】农民土地问题，是中国共产党领导的新民主主义革命的一个基本问题。开展土地革命，就是要消灭封建地主的土地所有制，实行农民的土地所有制。

【本题考点】中国红色政权存在和发展的原因及条件（简单运用）

12. 【参考答案】C

【师探解析】1935年12月，长征到达陕北不久的中共中央在瓦窑堡召开政治局扩大会议，提出了在抗日的条件下与民族资产阶级重建统一战线的新政策。

【本题考点】瓦窑堡会议（领会）

13. 【参考答案】B

【师探解析】西安事变的和平解决成为时局转换的枢纽，十年内战的局面由此结束，国内和平基本实现。

【本题考点】西安事变的和平解决及其意义（简单运用）

14. 【参考答案】A

【师探解析】1937年9月，八路军第一一五师主力在晋东北平型关附近伏击日军，歼敌1 000余人，击毁汽车100多辆，这是全民族抗战开始后中国军队的第一次重大胜利，粉碎了日军不可战胜的神话。

【本题考点】敌后抗日根据地（识记）

15. 【参考答案】D

【师探解析】为了争取和平民主，毛泽东不顾个人安危，于1945年8月28日偕周恩来、王若飞飞赴重庆与国民党当局进行谈判。10月10日，双方签署《政府与中共代表会谈纪要》（即双十协定），确认和平建国的基本方针。

【师探补充】抗日战争后，国共签署《政府与中共代表会谈纪要》的时间是<u>1945年10月10日</u>。

【本题考点】重庆谈判（识记）

16. 【参考答案】C

【师探解析】国统区人民所进行的第二条战线的斗争，以学生运动为发端。

【师探补充】1945年发生在昆明的"一二·一"运动，以"反对内战，争取自由"为基本口号。它吹响了国统区爱国学生运动的第一声号角，在全国范围产生了重大影响。

【本题考点】国民党统治的政治经济危机（领会）

17. 【参考答案】A

【师探解析】在当时的情况下，《共同纲领》起着临时宪法的作用。其中关于新中国的国体和政体的规定，是《共同纲领》最基本、最核心的内容。

【师探补充】其他各项内容都是服从和服务于它及体现它的。这项规定也从法律上正式确立了中国共产党在全国的执政地位，因为中国工人阶级对国家的领导是要通过它的先锋队——中国共产党的领导来实现的。

【本题考点】中国人民政治协商会议及其《共同纲领》的主要内容（综合运用）

18. 【参考答案】B

【师探解析】新中国的社会主义国营经济主要是通过没收官僚资本建立起来的。

【本题考点】没收官僚资本（领会）

19. 【参考答案】B

【师探解析】1950年6月，中共七届三中全会召开。毛泽东作了《为争取国家财政经济状况的基本好转而斗争》的报告。报告指出，要获得国家财政经济状况的根本好转，要用三年左右的时间，创造三个条件，即土地改革的完成，现有工商业的调整，国家机构所需经费的大量节减。

【师探补充】中共七届三中全会是新中国成立初期中国共产党的一次最重要

的会议。会议的决议为三年经济恢复时期党的工作规定了明确的策略路线和行动纲领。

【本题考点】争取国家财政经济状况基本好转的条件（简单运用）

20.**【参考答案】**B

【师探解析】随着社会主义改造的基本完成，中国继建立了社会主义基本政治制度以后，社会主义的基本经济制度也建立起来了。这是中国进入社会主义社会的最主要的标志。

【本题考点】社会主义基本制度的建立（综合运用）

21.**【参考答案】**D

【师探解析】毛泽东先后在1956年4月25日中央政治局扩大会议和5月2日最高国务会议上作《论十大关系》的报告。这十大关系，围绕一个基本方针，即"一定要努力把党内党外、国内国外的一切积极的因素，直接的、间接的积极因素，全部调动起来，把我国建设成为一个强大的社会主义国家"。

【师探补充】简答题：毛泽东《论十大关系》的发表及其围绕的基本方针。（答案同本题解析）

【本题考点】《论十大关系》及其提出的建设社会主义的基本方针（领会）

22.**【参考答案】**C

【师探解析】社会主义改造基本完成后，中国共产党和国家的根本任务，已经由解放生产力变为在新的生产关系下面保护和发展生产力。

【本题考点】《论十大关系》及其提出的建设社会主义的基本方针（领会）

23.**【参考答案】**B

【师探解析】1971年10月，在广大发展中国家的积极争取下，中国恢复了在联合国的合法席位。

【师探补充】本题其他考法：1971年10月，新中国在外交上取得的重大成果是恢复了在联合国的合法席位。

【本题考点】中国恢复在联合国的合法席位（识记）

24.**【参考答案】**B

【师探解析】1980年5月，邓小平发表《关于农村政策的谈话》，肯定了包产到户这种形式，指出它不会影响我们制度的社会主义性质。

【师探补充】同在1980年5月，中共中央决定在深圳、珠海、汕头、厦门设立经济特区，采取多种形式吸引和利用外资，学习国外的先进技术和经营管理方法。此后，经济特区加快发展。

【本题考点】"统分结合"的农村家庭联产承包责任制（领会）

25.【参考答案】 D

【师探解析】 2002年11月8日至14日，中国共产党第十六次全国代表大会在北京召开。大会高度评价"三个代表"重要思想的历史地位和重要作用，把"三个代表"重要思想同马克思列宁主义、毛泽东思想、邓小平理论一道确立为中国共产党必须长期坚持的指导思想，并写入党章，实现了党的指导思想的又一次与时俱进。

【本题考点】 中共十六大（识记）

二、简答题（本大题共5小题，每小题6分，共30分）

26.【参考答案】

◎ 简述近代中国民族资产阶级的两面性。（6分）

民族资产阶级在其生存和发展过程中，一方面受到外国资本主义和本国封建主义的压迫，在一定条件下可以参加反帝反封建的革命或在斗争中保持中立；（2分）另一方面因其力量薄弱，又与外国资本主义和本国封建主义有着千丝万缕的联系，在斗争中缺乏彻底的革命性。（2分）

中国民族资产阶级的两重特点和双重性格，决定它不可能引导中国的民主革命走向胜利。（2分）

【本题考点】 近代中国资产阶级的产生及其两部分（简单运用）

27.【参考答案】

◎ 简述新民主主义革命的基本纲领。（6分）

毛泽东阐明了中国共产党在新民主主义革命阶段的基本纲领。

（1）政治上，推翻帝国主义和封建主义的压迫，建立一个以无产阶级为领导、以工农联盟为基础的各革命阶级联合专政的新民主主义共和国。（2分）

（2）经济上，没收操纵国计民生的大银行、大工业、大商业归新民主主义国家所有，建立国营经济；没收地主阶级的土地归农民所有，并引导个体农民发展合作经济；允许民族资本主义经济的发展和富农经济的存在。（2分）

（3）文化上，废除封建买办文化，发展无产阶级领导的人民大众的反帝反封建的中华民族的新文化，即民族的科学的大众的文化。（2分）

【本题考点】新民主主义理论的系统阐述及其意义（综合运用）

28.**【参考答案】**

◎ 简述中国共产党建国方案的主要内容及其评价。（6分）

（1）主要内容：在工人阶级及其政党的领导下，通过彻底的反帝反封建的民主革命，即新民主主义革命，建立一个工人阶级领导的、以工农联盟为基础的、团结一切可以团结的力量的人民民主专政的人民共和国。（2分）这也是中国共产党领导中国人民进行新民主主义革命所要实现的基本目标。（2分）

（2）评价：这一方案是引导中华民族和中国人民争得民族独立和人民解放，从而为实现国家富强开辟道路的科学的建国方案。（2分）

【本题考点】抗日战争胜利后中国国内的三种建国方案和两个中国之命运的较量（综合运用）

29.**【参考答案】**

◎ 简述新中国建立初期，"三反""五反"运动的内容和意义。（6分）

（1）内容："三反"运动，即反贪污、反浪费、反官僚主义。"五反"运动，即反行贿、反偷税漏税、反盗窃国家资财、反偷工减料、反盗窃国家经济情报。（2分）

（2）意义："三反"运动教育了干部的大多数，挽救了犯错误的同志，清除了党的队伍和国家干部队伍中的腐化分子，有力地抵制了旧社会恶习和资产阶级的腐蚀，对于在执政的条件下保持共产党人的革命精神，促进中国共产党和人民政府的廉政建设，起到了重要的作用。（2分）"五反"运动打击了不法资本家严重的"五毒"行为，在工商业者中普遍进行了一次守法经营的教育，推动了在私营企业中建立工人监督和实行民主改革。（2分）

【本题考点】"三反运动""五反运动"（识记）

30.**【参考答案】**

◎ 简述中共十七大的主题。（6分）

2007年10月15日至21日，中国共产党第十七次全国代表大会在北京举行。

（1）大会强调，要深入贯彻落实科学发展观。要求始终坚持"一个中心、两个基本点"的基本路线，坚持把以经济建设为中心同四项基本原则、改革开放这两个基本点统一于发展中国特色社会主义的伟大实践。（2分）

（2）大会对我国改革开放的历史进程和基本经验作出了科学的总结，提出了全面建设小康社会奋斗目标的新要求,对我国社会主义经济建设、政治建设、文化建设、社会建设和党的建设作出了全面部署。(2分)

(3) 大会通过关于《中国共产党章程(修正案)》的决议。大会一致同意将科学发展观写入党章。(2分)

【本题考点】中共十七大(识记)

三、论述题(本大题共3小题,考生任选其中2题作答,每小题10分,共20分。如果考生回答的题目超过2题,只按考生回答题目的前2题计分)

31.【参考答案】

◎ 试述中国抗日战争胜利的伟大历史意义。(10分)

中国人民抗日战争的胜利具有重大而深远的意义。

(1) 彻底粉碎了日本军国主义殖民奴役中国的图谋,迫使日本归还甲午战争以后从中国窃取的东北、台湾、澎湖列岛等神圣领土,捍卫了国家主权和领土完整,彻底洗刷了近代以来抗击外来侵略屡战屡败的民族耻辱。(4分)

(2) 重新确立了中国在世界上的大国地位。(3分)

(3) 促进了中华民族的觉醒,开辟了中华民族伟大复兴的光明前景。(3分)

【本题考点】抗日战争的胜利为中华民族走向伟大复兴确立了历史转折点(综合运用)

32.【参考答案】

◎ 试述中国共产党提出的过渡时期的总路线反映了历史的必然性。(10分)

(1) 总路线:"一化三改""一体两翼"。

① 一化、一体:实现国家的社会主义工业化。(2分)

② 三改、两翼:实现国家对农业、手工业和资本主义工商业的社会主义改造。(2分)

(2) 历史的必然性:

① 社会主义性质的国营经济力量相对来说比较强大,它是实现国家工业化的主要基础。(2分)

② 资本主义经济力量弱小,发展困难,不可能成为中国工业起飞的基础。(1分)

③ 对个体农业进行社会主义改造,是保证工业发展、实现国家工业化的一个必要条件。(2分)

④ 当时的国际环境也促使中国选择社会主义。(1分)

【本题考点】 过渡时期总路线反映了历史的必然（综合运用）

33. **【参考答案】**

◎ 试述中共八大如何分析我国社会主义改造完成后国内的主要矛盾和主要任务。(10分)

（1）中共八大的基本任务是：总结党的第七次全国代表大会以来的经验，团结全党，团结国内外一切可能团结的力量，为了建设一个伟大的社会主义中国而奋斗。(2分)

（2）大会正确地分析了国内的主要矛盾和主要任务，指出：我们国内的主要矛盾，已经是人民对于建立先进的工业国的要求同落后的农业国的现实之间的矛盾，已经是人民对于经济文化迅速发展的需要同当前经济文化不能满足人民需要的状况之间的矛盾。这一矛盾的实质，在我国社会主义制度已经建立的情况下，也就是先进的社会主义制度同落后的社会生产力之间的矛盾。(4分)党和全国人民的当前的主要任务是集中力量来解决这个矛盾，把我国尽快地从落后的农业国变为先进的工业国。(4分)

【本题考点】 中共八大制定的路线及其意义（简单运用）

"中国近现代史纲要" 考前十套通关试卷（四）
参考答案与答案解析

一、单项选择题（本大题共25小题，每小题2分，共50分。在每小题列出的备选项中只有一项是最符合题目要求的，请将其选出）

第1题	第2题	第3题	第4题	第5题	第6题	第7题	第8题	第9题
C	B	C	B	A	D	A	C	B
第10题	第11题	第12题	第13题	第14题	第15题	第16题	第17题	第18题
D	A	D	B	C	D	D	C	A
第19题	第20题	第21题	第22题	第23题	第24题	第25题	—	—
C	A	A	D	A	C	C	—	—

1. 【参考答案】C

【师探解析】中国封建社会有如下几个特点：在经济上，封建土地所有制占主导地位。在政治上，实行高度中央集权的封建君主专制制度。在文化上，以儒家思想为核心。在社会结构上，形成族权和政权相结合的封建宗法等级制度。综上所述，中国封建社会的主要矛盾，是地主阶级和农民阶级的矛盾。

【本题考点】中国封建社会的主要矛盾（识记）

2. 【参考答案】B

【师探解析】资本-帝国主义列强对中国的侵略，首先和主要的是进行军事侵略，迫使中国政府签订不平等条约。

【本题考点】资本-帝国主义列强发动的侵华战争以及迫使清政府签订的一系列不平等条约（识记）

3. 【参考答案】C

【师探解析】太平天国于1853年冬颁布的《天朝田亩制度》是最能体现太平天国社会理想和这次农民战争特点的纲领性文件。该文件确立了平均分配土地的方案，规定了农副业产品的生产与分配，是一个以解决土地问题为中心的比较完整的社会改革方案，代表了农民要求平均分配土地的强烈愿望，反映了农民反对封建土地所有制的普遍要求。

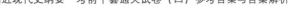

【本题考点】《天朝田亩制度》的性质和主要内容（领会）

4. 【参考答案】B

【师探解析】冯桂芬对兴办洋务事业的指导思想最先作出比较完整的表述，即以中国之伦常名教为原本，辅以诸国富强之术。这个思想后来被进一步概括为"中学为体，西学为用"。

【本题考点】奕䜣与洋务派（识记）

5. 【参考答案】A

【师探解析】从19世纪60到90年代，洋务派举办的洋务事业的一个主要方面是兴办近代企业。其中，江南制造总局是洋务派办的第一个规模较大可称之为近代军事工业的兵工厂。

【本题考点】洋务派举办的洋务事业（领会）

6. 【参考答案】D

【师探解析】维新派和守旧派之间的论战主要围绕以下三个问题展开：第一，要不要变法。第二，要不要兴民权、设议院，实行君主立宪。第三，要不要废八股、改科举和兴学堂。维新派和守旧派的论战，实质上是资产阶级思想与封建主义思想在中国的第一次正面交锋。比较集中地反映了近代中国在文化思想领域中学和西学、新学和旧学之争，进一步开阔了新型知识分子的眼界，为维新变法运动作了思想舆论的准备。

【本题考点】维新派与守旧派的论战（领会）

7. 【参考答案】A

【师探解析】1911年5月，清政府皇族内阁为筹集借款，宣布"铁路干线收归国有"，并将粤汉、川汉铁路的路权卖给帝国主义，引起湖北、湖南、广东、四川四省民众的强烈反对，一场事关民族权益和个人利益的保路运动随后兴起，四川省尤其强烈。

【本题考点】各地武装起义与保路风潮（识记）

8. 【参考答案】C

【师探解析】1915年9月，陈独秀在上海创办《青年杂志》（后改名为《新青年》），成为新文化运动兴起的标志。

【师探补充】简述新文化运动兴起的标志及其主要阵地。标志：1915年9月，陈独秀在上海创办《青年杂志》（后改名为《新青年》），是新文化运动兴起的标志。主要阵地：北京大学和《新青年》编辑部。

【本题考点】陈独秀与新文化运动的兴起（识记）

9.【参考答案】B

【师探解析】工人运动方面：1921年8月，中国共产党在上海成立中国劳动组合书记部，这是党领导工人运动的专门机关。在各地党组织和劳动组合书记部的宣传、组织和领导下，中国工人运动掀起第一个高潮。

【本题考点】中国共产党成立初期领导发动的工农运动（领会）

10.【参考答案】D

【师探解析】国民党在全国的统治建立后，官僚买办资本急剧地膨胀起来。它和国家政权结合在一起，同外国帝国主义、本国地主阶级结合在一起，成为买办的封建的国家垄断资本，成为国民党统治的经济基础。官僚资本的垄断活动，首先和主要的是在金融业方面开始的。

【本题考点】官僚资本（识记）

11.【参考答案】A

【师探解析】当时，影响比较大的中间派别，有成立于1930年8月，由邓演达领导的中国国民党临时行动委员会（又称第三党），还有梁漱溟为首的乡村建设派及黄炎培为首的中华职业教育社。

【师探补充】20世纪二三十年代在中国政治舞台上影响较大的中间党派：邓演达领导的中国国民党临时行动委员会（又称第三党）；梁漱溟为首的乡村建设派；黄炎培为首的中华职业教育社；曾琦、李璜、左舜生为负责人的中国青年党（又称醒狮派，国家主义派）；张君劢、张东荪、罗隆基为代表的中国国家社会党（又称再造派）。

【本题考点】中国国民党临时行动委员会（简单运用）

12.【参考答案】D

【师探解析】1937年7月7日，驻丰台日军借口一名士兵失踪，炮轰宛平城，挑起卢沟桥事变，发动全面侵华战争。

【本题考点】七七卢沟桥事变（识记）

13.【参考答案】B

【师探解析】1941年1月，国民党顽固派发动第二次反共高潮，在皖南以8万余兵力包围袭击新四军军部及所属部队9 000多人（除约2 000余人突围外，一部分被打散，大部牺牲或被俘）。蒋介石还诬称新四军"叛变"，宣布取消新四军番号，制造了皖南事变。

【本题考点】国民党顽固派制造的反共摩擦（识记）

14. 【参考答案】C

【师探解析】1947年10月10日，由中国人民解放军总部发表的《中国人民解放军宣言》，正式提出"打倒蒋介石，解放全中国"的行动口号。

【本题考点】必须和能够打败蒋介石（简单运用）

15. 【参考答案】D

【师探解析】1949年4月21日，毛泽东、朱德发布《向全国进军的命令》，中国人民解放军发起渡江战役。

【本题考点】人民解放军占领南京及其向全国进军（识记）

16. 【参考答案】D

【师探解析】从1953年开始的发展国民经济的第一个五年计划，把优先发展重工业作为建设的中心环节。在过渡时期总路线的指引下，到1956年，基本完成了对个体农业、个体手工业和资本主义工商业的社会主义改造，第一个五年计划的主要指标提前完成。社会主义基本制度在中国全面确立。

【本题考点】过渡时期总路线的内容（识记）

17. 【参考答案】C

【师探解析】中共八大正确地分析了国内的主要矛盾和主要任务，指出：我们国内的主要矛盾，已经是人民对于建立先进的工业国的要求同落后的农业国的现实之间的矛盾，已经是人民对于经济文化迅速发展的需要同当前经济文化不能满足人民需要的状况之间的矛盾。党和全国人民当前的主要任务是集中力量来解决这个矛盾，把我国尽快地从落后的农业国变为先进的工业国。

【本题考点】中共八大制定的路线及其意义（简单运用）

18. 【参考答案】A

【师探解析】1959年7月2日起，中共中央在庐山召开政治局扩大会议。7月14日，彭德怀给毛泽东写了一封信，着重指出"大跃进"存在的严重问题和突出矛盾。7月23日，毛泽东在会上发表讲话，错误地对彭德怀的信提出尖锐批评。

【本题考点】庐山会议（识记）

19. 【参考答案】C

【师探解析】邓小平在1979年3月的理论工作务虚会上发表的讲话中指出：坚持社会主义道路，坚持人民民主专政，坚持共产党的领导，坚持马克思列宁主义、毛泽东思想这四项基本原则，"是实现四个现代化的根本前提"。

【本题考点】四项基本原则（识记）

20. 【参考答案】A

【师探解析】2001年12月11日，经过长达15年的艰苦谈判，中国正式加入世界贸易组织，标志着对外开放进入一个新阶段。

【师探补充】本题其他考法：中国正式加入世界贸易组织的时间是<u>2001年12月</u>。

【本题考点】20世纪90年代后期改革开放和现代化建设经受的风险考验（领会）

21. 【参考答案】A

【师探解析】1997年7月1日，中国和英国两国政府举行了香港交接仪式，宣告中国对香港恢复行使主权，中华人民共和国香港特别行政区正式成立。

【师探补充】本题其他考法：中国对香港恢复行使主权的时间是<u>1997年7月1日</u>。

【本题考点】香港、澳门的回归（简单运用）

22. 【参考答案】D

【师探解析】2012年11月8日至14日，中国共产党第十八次全国代表大会在北京举行。这是在我国进入全面建成小康社会决定性阶段召开的一次大会。

【本题考点】中共十八大（识记）

23. 【参考答案】A

【师探解析】2013年11月，中共十八届三中全会审议通过《中共中央关于全面深化改革若干重大问题的决定》，勾画了到2020年全面深化改革的时间表、路线图。

【本题考点】全面深化改革总目标（领会）

24. 【参考答案】C

【师探解析】中共十九大确定的目标：第一个阶段，从2020年到2035年，在全面建成小康社会的基础上，再奋斗十五年，基本实现社会主义现代化。第二个阶段，从2035年到21世纪中叶，在基本实现现代化的基础上，再奋斗十五年，把我国建成富强民主文明和谐美丽的社会主义现代化强国。

【本题考点】中共十九大（识记）

25.【参考答案】C

【师探解析】中共十九大闭幕仅一周，2017年10月31日，习近平强调，要结合时代特点大力弘扬"红船精神"，即开天辟地、敢为人先的首创精神，坚定理想、百折不挠的奋斗精神，立党为公、忠诚为民的奉献精神。让"红船精神"永放光芒。

【本题考点】"红船精神"（识记）

二、简答题（本大题共5小题，每小题6分，共30分）

26.【参考答案】

◎ 简述1926年至1927年北伐战争的直接打击目标和战略方针。（6分）

（1）直接目标：打倒帝国主义支持的北洋军阀。（3分）

（2）战略方针：首先，以主力进军两湖，消灭吴佩孚；（1分）然后，引兵东向，消灭孙传芳；（1分）最后，北上解决张作霖。（1分）

【师探补充】北伐战争得以胜利进军的原因在于：

（1）国共合作的实现，革命统一战线的建立，特别是共产党员和共青团员的先锋模范作用是北伐胜利的重要原因。

（2）北伐战争是反对帝国主义和封建军阀的正义的革命战争，得到广大工农群众的大力支持。

（3）北伐战争得到苏联政府的多方面援助，特别是派出的军事顾问帮助北伐军制定了正确的军事战略战术。

【本题考点】北伐战争的胜利进展及其原因（简单运用）

27.【参考答案】

◎ 简述八一南昌起义的历史意义。（6分）

（1）它打响了武装反抗国民党反动统治的第一枪，体现了中国共产党人为实行中国人民的根本利益和中华民族的解放事业而前赴后继的革命精神。（2分）

（2）它成为共产党独立领导革命战争、创建人民军队和武装夺取政权的伟大开端。（2分）

（3）它揭开了土地革命战争的序幕。（2分）

【本题考点】南昌起义的意义（领会）

28. 【参考答案】

◎ 简述抗日民族统一战线中的中间势力及争取中间势力的主要条件。（6分）

中间势力主要是指民族资产阶级、开明绅士和地方实力派。

争取中间势力需要一定的条件：

（1）共产党要有充足的力量。（2分）

（2）尊重他们的利益。（2分）

（3）要同顽固派作坚决的斗争，并能一步一步地取得胜利。（2分）

【师探补充】为了坚持、扩大和巩固抗日民族统一战线，中国共产党制定了"发展进步势力，争取中间势力，孤立顽固势力"的策略总方针。

【本题考点】中国共产党关于巩固和扩大抗日民族统一战线的策略总方针（综合运用）

29. 【参考答案】

◎ 简述抗美援朝战争的历史意义。（6分）

（1）抗美援朝战争的胜利，打破了美国军队不可战胜的神话，雄辩地证明：西方侵略者几百年来只要在东方一个海岸上架起几尊大炮就可霸占一个国家的时代一去不复返了。（1分）

（2）抗美援朝运动极大地激发了全国人民的爱国主义和国际主义精神，成为恢复和发展国民经济，推动各项社会改革的巨大动力。（1分）

（3）抗美援朝的胜利，使全世界对新中国刮目相看，新中国的国际威望空前提高。（2分）

（4）抗美援朝的胜利为新中国的经济建设和社会改革赢得了一个相对稳定的和平环境。（2分）

【本题考点】抗美援朝，保家卫国（简单运用）

30. 【参考答案】

◎ 简述中共十三大制定的社会主义现代化建设"三步走"的战略部署。（6分）

中共十三大正式制定了社会主义现代化建设"三步走"的战略部署：

第一步，实现国民生产总值比1980年翻一番，解决人民的温饱问题，这个任务已经基本实现；（2分）

第二步，到20世纪末，使国民生产总值再增长一倍，人民生活达到小康水

平；(2分)

第三步，到21世纪中叶，人均国民生产总值达到中等发达国家水平，人民生活比较富裕，基本实现现代化。(2分)

"三步走"发展战略及相关政策的制定，进一步解决了中国现代化建设的目标、步骤等关系全局的重大问题，对中国未来几十年的发展具有深远的影响。

【本题考点】"三步走"发展战略（简单运用）

三、论述题（本大题共3小题，考生任选其中2题作答，每小题10分，共20分。如果考生回答的题目超过2题，只按考生回答题目的前2题计分）

31．【参考答案】

◎ 试述孙中山先生三民主义学说的内容及其意义。(10分)

1905年11月，孙中山在《民报》发刊词中，将中国同盟会纲领概括为民族、民权、民生三大主义，后被称为三民主义。

(1) 三民主义学说的内容：

① 民族主义包括"驱除鞑虏，恢复中华"两项内容。一是要以革命手段推翻清王朝，改变它一贯推行的民族歧视和压迫政策；二是变"次殖民地"的中国为独立的国家。(2分)

② 民权主义内容是"创立民国"，即推翻封建君主专制制度，建立资产阶级的民主共和国。(2分)

③ 民生主义内容是"平均地权"，也就是孙中山所说的社会革命。(2分)

(2) 意义：孙中山的三民主义学说，是一个比较完备的民主主义的革命纲领，产生了积极影响，推动了革命思想的传播和革命运动的发展。(4分)

【本题考点】三民主义学说的基本内容（简单运用）

32．【参考答案】

◎ 试述《中国人民政治协商会议共同纲领》规定的新中国国体、政体及意义。(10分)

(1)《中国人民政治协商会议共同纲领》（简称《共同纲领》）规定："中华人民共和国为新民主主义即人民民主主义的国家，实行工人阶级领导的、以工农联盟为基础的、团结各民主阶级和国内各民族的人民民主专政"。(2分)"中华人民共和国的国家政权属于人民。(2分) 人民行使国家政权的机关为各级人民代表大会和各级人民政府"。(2分)"各级政权机关一律实行民主集中制"。

(2分)

（2）意义：在当时的情况下，《共同纲领》起着临时宪法的作用。其中关于新中国的国体和政体的规定，是《共同纲领》最基本、最核心的内容。其他各项内容都是服从和服务于它及体现它的。这项规定也从法律上正式确立了中国共产党在全国的执政地位，因为中国工人阶级对国家的领导是要通过它的先锋队——中国共产党的领导来实现的。(2分)

【师探补充】《中国人民政治协商会议共同纲领》主要内容是：第一，关于新中国的国体和政体；第二，关于新中国的基本的民族政策；第三，关于新中国的经济工作方针；第四，关于新中国的外交工作原则。

【本题考点】中国人民政治协商会议及其《共同纲领》的主要内容（综合运用）

33.**【参考答案】**

◎ 试述毛泽东关于社会主义发展阶段和现代化建设战略目标与步骤的思想。(10分)

（1）关于社会主义的发展阶段，毛泽东指出："社会主义这个阶段，又可能为两个阶段，第一个阶段是不发达的社会主义，第二个阶段是比较发达的社会主义。后一阶段可能比前一阶段需要更长的时间。"(4分)

（2）关于社会主义现代化建设的战略目标和步骤，毛泽东强调：为了建设社会主义，必须大力推进中国的现代化事业。

① 社会主义现代化建设的战略目标，是要把中国建设成为一个具有现代农业、现代工业、现代国防和现代科学技术的强国。(2分)

② 步骤应当采取"两步走"的发展战略。

第一步，建成一个独立的比较完整的工业体系和国民经济体系。(2分)

第二步，全面实现农业、工业、国防和科学技术的现代化，使中国的经济走在世界前列。(2分)

【本题考点】毛泽东等老一代革命家探索中国社会主义建设道路的理论贡献及其意义（综合运用）

"中国近现代史纲要"考前十套通关试卷（五）
参考答案与答案解析

一、单项选择题（本大题共 25 小题，每小题 2 分，共 50 分。在每小题列出的备选项中只有一项是最符合题目要求的，请将其选出）

第1题	第2题	第3题	第4题	第5题	第6题	第7题	第8题	第9题
D	C	A	C	C	A	A	C	C
第10题	第11题	第12题	第13题	第14题	第15题	第16题	第17题	第18题
B	D	B	B	C	C	B	D	D
第19题	第20题	第21题	第22题	第23题	第24题	第25题	—	—
A	D	D	C	A	C	D	—	—

1. 【参考答案】D

【师探解析】1895 年，日本迫使清政府签订的不平等条约是《马关条约》，中国割让辽东半岛（后由中国政府以 3 000 万两白银赎回）、台湾全岛及所有附属各岛屿和澎湖列岛给日本。

【本题考点】资本-帝国主义列强发动的侵华战争以及迫使清政府签订的一系列不平等条约（识记）

2. 【参考答案】C

【师探解析】资本-帝国主义列强在侵华战争中，还公开抢劫中国财富，肆意破坏中国的文物和古迹，对中华民族优秀文化造成空前浩劫。1860 年，英法联军攻占北京后，对融会了中外建筑艺术精华，珍藏着中国历代图书典籍、文物书画和艺术珍品的圆明园进行了连续 12 天的抢劫，放火烧毁了这座皇家园林。这是对人类文明的一次空前践踏。

【师探补充】本题其他考法：圆明园于 1860 年被英法联军抢劫和烧毁。

【本题考点】资本-帝国主义列强发动的侵华战争以及迫使清政府签订的一系列不平等条约（识记）

3. 【参考答案】A

【师探解析】林则徐是近代中国睁眼看世界第一人。他除了坚决主张严禁鸦片、抵御外国侵略以外，还注意了解西方，赞成正常的对外贸易。1839年，他组织翻译了英国人慕瑞的《地理大全》，编成了《四洲志》。

【本题考点】林则徐、魏源与睁眼看世界（识记）

4.【参考答案】C

【师探解析】农民既是劳动者又是小私有者，既同地主阶级相对立，又同封建生产关系相联系，建立在小农业和家庭手工业相结合的分散的小生产基础上的农民政权，不可避免地带有封建的属性，最终还是会向封建政权演变的。1856年9月，天京事变发生，是太平天国由盛转衰的转折点，它大大地削弱了太平天国的领导和军事力量，造成了严重的危机。

【本题考点】太平天国失败的原因和教训（简单运用）

5.【参考答案】C

【师探解析】1861年，清政府设立总理各国事务衙门，作为综理洋务的中央机关。

【本题考点】总理各国事务衙门（识记）

6.【参考答案】A

【师探解析】洋务运动自身的缺陷限制了它的发展，最终以失败而告结束。第一，洋务运动具有封建性。第二，洋务运动对西方列强具有依赖性。第三，洋务企业的管理具有腐朽性。中日甲午战争中，洋务派经营多年的北洋海军全军覆没，标志着洋务运动的失败。

【本题考点】洋务运动失败的原因（简单运用）

7.【参考答案】A

【师探解析】维新派倡导救亡和变法的活动，影响较大的报纸有梁启超主笔的上海《时务报》、严复主办的天津《国闻报》以及湖南的《湘报》等。

【本题考点】维新派宣传变法维新主张的活动（领会）

8.【参考答案】C

【师探解析】由于辛亥革命的领导者资产阶级革命派自身的软弱性，辛亥革命的局限性是显而易见的。第一，没有提出彻底的反对帝国主义和反对封建主义的革命纲领。第二，没有充分发动和依靠民众。第三，没有建立坚强有力的革命政党。

【本题考点】辛亥革命的局限性（简单运用）

9. 【参考答案】C

【师探解析】五四运动的直接导火线，是巴黎和会上中国外交的失败。

【本题考点】五四运动爆发的社会历史条件（领会）

10. 【参考答案】B

【师探解析】1919年9月、11月，李大钊发表《我的马克思主义观》，比较全面系统地介绍了马克思的学说，指出马克思主义是唯物史观、经济学说和社会主义理论的统一。

【本题考点】李大钊与马克思主义在中国的传播（识记）

11. 【参考答案】D

【师探解析】在早期马克思主义者的推动下，马克思主义开始在中国得到比较广泛的传播，主要表现为：一是马克思主义著作的翻译和出版；二是研究和宣传马克思主义的社团纷纷涌现；三是若干进步刊物的创办。在此背景下，1920年8月，由陈望道翻译的《共产党宣言》第一个中文全译本在上海出版。

【本题考点】早期马克思主义思想运动的历史特点（领会）

12. 【参考答案】B

【师探解析】日本占领中国东北后，其侵略野心并没有得到满足，又开始向中国华北地区渗透。1935年，日本在华北制造了一系列事端，向中国政府提出华北政权"特殊化"的要求。国民政府在河北、察哈尔两省的主权大部丧失，华北成为日军可以自由出入的"真空地带"。日本还策划华北五省（河北、察哈尔、绥远、山西、山东）两市（北平、天津）"防共自治运动"。这一系列事件被称为"华北事变"。

【本题考点】华北事变（识记）

13. 【参考答案】B

【师探解析】1932年3月，在日本关东军的导演下，伪"满洲国"发表"建国"宣言，年号"大同"。

【师探补充】试述日本侵略者在中国占领区建立的殖民政权。日本发动侵华战争后，在占领区扶植傀儡政权，实行残暴的军事殖民统治。在台湾设立总督府；1932年，扶持溥仪，建立伪"满洲国"；1940年，在日本的操纵下，汪精卫在南京成立伪"中华民国国民政府"。

【本题考点】伪"满洲国"（识记）

14.【参考答案】C

【师探解析】1933年5月，原西北军将领冯玉祥在张家口成立察哈尔抗日同盟军，并任同盟军总司令。

【师探补充】本题其他考法：察哈尔抗日同盟军成立地点是张家口。

【本题考点】察哈尔抗日同盟军（识记）

15.【参考答案】C

【师探解析】在淞沪会战中，第八十八师五二四团团附谢晋元率孤军据守四行仓库，被上海市民誉为"八百壮士"。

【本题考点】为国捐躯的国民党将领（识记）

16.【参考答案】B

【师探解析】1938年5月至6月，毛泽东发表《论持久战》，总结抗战10个月来的经验，集中全党智慧，系统地阐述了抗日战争的特点、前途和发展规律，阐明了持久抗战的总方针。

【本题考点】毛泽东《论持久战》的主要内容及其意义（综合运用）

17.【参考答案】D

【师探解析】1940年8月至12月初，八路军总部调集105个团共20万人，对华北日军发动了一场大规模的以破袭敌人交通线为重要目标的进攻战役。这就是百团大战。

【本题考点】抗日游击战争的战略地位和作用（简单运用）

18.【参考答案】D

【师探解析】1945年4月，中国又同美国、英国、苏联共同发起旧金山会议，共商建立联合国。中共党员董必武以解放区代表身份参加中国代表团出席会议。

【本题考点】联合国制宪会议（识记）

19.【参考答案】A

【师探解析】1945年8月25日，中共中央在《对目前时局的宣言》中明确提出了"和平、民主、团结"的口号。

【本题考点】抗日战争胜利后中国国内的三种建国方案和两个中国之命运的较量（综合运用）

20.【参考答案】D

【师探解析】1951年5月，中央人民政府同西藏地方政府达成关于和平解放西藏办法的协议。10月，人民解放军进驻拉萨，西藏和平解放。

【本题考点】西藏和平解放（领会）

21.【参考答案】D

【师探解析】高级形式的国家资本主义就是公私合营，又分为个别企业的公私合营和全行业的公私合营。

【师探补充】初级形式的国家资本主义企业仍由资本家经营，它同国营社会主义经济通过订立合同等办法，在企业外部建立这样那样的联系。

【本题考点】国家资本主义的初级形式和高级形式（领会）

22.【参考答案】C

【师探解析】1957年6月8日，中央发出组织力量反击右派分子进攻的党内指示，同日《人民日报》发表《这是为什么?》的社论。一场全国规模的群众性的反右派运动全面开展起来。

【本题考点】整风运动与反右派斗争（识记）

23.【参考答案】A

【师探解析】1990年4月，根据邓小平的建议，启动了上海浦东新区开发、开放的战略举措。1980年10月，建立厦门经济特区。1985年2月，开发、开放长江三角洲。1988年4月，七届全国人大一次会议通过设立海南省和建立海南经济特区的决定。

【本题考点】多层次对外开放格局（领会）

24.【参考答案】C

【师探解析】2013年11月，中共十八届三中全会审议通过《中共中央关于全面深化改革若干重大问题的决定》，勾画了到2020年全面深化改革的时间表、路线图。

【师探补充】本题其他考法：中共十八届三中全会审议通过的重要文件是《中共中央关于全面深化改革若干重大问题的决定》。【本题考点】全面深化改革总目标（领会）

25.【参考答案】D

【师探解析】2017年10月18日至24日，中国共产党第十九次全国代表大会在北京举行。这是在全面建成小康社会决胜阶段、中国特色社会主义进入新时代的关键时期召开的一次十分重要的大会。大会指出，经过长期努力，中国特色社会主义进入了新时代，这是我国发展新的历史方位。

【本题考点】中共十九大（识记）

二、简答题（本大题共5小题，每小题6分，共30分）

26. 【参考答案】

◎ 简述中国封建社会的基本特点和主要矛盾。（6分）

（1）基本特点：

① 在经济上，封建土地私有制占主导地位。（1分）

② 在政治上，实行高度中央集权的封建君主专制制度。（1分）

③ 在文化上，以儒家思想为核心。（1分）

④ 在社会结构上，形成族权和政权相结合的封建宗法等级制度。（1分）

（2）主要矛盾：地主阶级和农民阶级的矛盾。（2分）

【本题考点】中国封建社会的基本特点（领会）

27. 【参考答案】

◎ 简述辛亥革命失败后孙中山为捍卫资产阶级民主革命成果所进行的斗争。（6分）

面对北洋军阀的黑暗统治，以孙中山为首的资产阶级革命派仍坚持革命的立场，为捍卫资产阶级民主革命成果进行了一系列的斗争。（1分）

（1）发动"二次革命"（"赣宁之役"）。（1分）

（2）组织中华革命党。（1分）

（3）发动护国战争。为反对袁世凯称帝，1915年12月25日，蔡锷宣布云南独立，护国运动爆发。（1分）

（4）发动第一次护法运动。（1分）

（5）发动第二次护法运动。（1分）

【师探补充】本考题题目同：以孙中山为首的资产阶级反对北洋军阀统治的主要斗争。第二次护法运动的失败，标志着中国旧民主主义革命的终结。

【本题考点】北洋军阀的统治及孙中山反对北洋军阀的斗争（简单运用）

28. 【参考答案】

◎ 简述中共三大的主要内容及意义。（6分）

(1) 主要内容：1923年6月，中国共产党第三次全国代表大会在广州召开。会议集中讨论了建立革命统一战线的问题，决定全体共产党员以个人名义加入国民党；(2分) 同时强调在共产党员加入国民党时，党必须在政治上、思想上、组织上保持自己的独立性。(2分)

(2) 意义：中共三大正确制定了建立革命统一战线的方针政策，有力推动了第一次国共合作的形成。(2分)

【本题考点】 中共三大（识记）

29.【参考答案】

◎ 简述1931年召开的中华苏维埃第一次全国代表大会的主要内容。(6分)

(1) 1931年11月，中华苏维埃第一次全国代表大会在江西省瑞金县叶坪村举行。(1分)

(2) 大会通过了《中华苏维埃共和国宪法大纲》及土地法令、劳动法等法律文件。(1分)

(3) 选举产生了中华苏维埃共和国中央执行委员会。(2分)

(4) 宣告了中华苏维埃共和国临时中央政府的成立。毛泽东当选为中央执行委员会主席。(2分)

【本题考点】 中华苏维埃第一次全国代表大会（识记）

30.【参考答案】

◎ 简述新民主主义社会的五种经济成分及其特点。(6分)

(1) 新民主主义社会的五种经济成分，即社会主义性质的国营经济、半社会主义性质的合作社经济、农民和手工业者的个体经济、私人资本主义经济和国家资本主义经济。(3分)

(2) 特点：半社会主义性质的合作社经济是个体经济向社会主义集体经济过渡的形式，国家资本主义经济是私人资本主义经济向国营经济过渡的形式。所以，主要的经济成分是三种，即社会主义经济、个体经济和私人资本主义经济。其中的个体经济是处于十字路口的经济，它既可以被引导着走向社会主义，也可以自发地走向资本主义。(3分)

【本题考点】 新民主主义社会的特点与性质（简单运用）

三、论述题（本大题共 3 小题，考生任选其中 2 题作答，每小题 10 分，共 20 分。如果考生回答的题目超过 2 题，只按考生回答题目的前 2 题计分）

31. 【参考答案】

◎ 试述戊戌维新运动的历史意义。（10 分）

（1）戊戌维新运动是一次爱国救亡运动。维新派在瓜分危机迫在眉睫的关头挺身而出，掀起了变法图存、维护民族独立和发展资本主义的救国运动，反映了时代的要求。（2 分）

（2）戊戌维新运动是一场资产阶级性质的政治改革运动。维新派冲破了洋务派"中体西用"思想的局限，鼓吹民权，提倡设议院，主张用君主立宪制来取代君主专制制度，在一定程度上冲击了封建专制制度。（2 分）

（3）戊戌维新运动是一场思想启蒙运动。维新派大力传播西方的社会政治学说，宣传天赋人权、自由平等、社会进化等观念，批判封建君权和封建纲常伦理，有利于民主主义思想在中国的传播。在维新派的推动下，形成广泛的文化革新运动，并对近代教育发展起了积极作用。（3 分）

（4）戊戌维新运动在改革社会风气方面也有着不可低估的意义。维新派主张革除吸食鸦片及妇女缠足等陋习，主张"剪辫易服"，倡导讲文明、重卫生、反跪拜等。（3 分）

【本题考点】戊戌维新运动的历史意义和影响（综合运用）

32. 【参考答案】

◎ 试述全国解放战争时期，各民主党派与中国共产党团结合作的主要表现。（10 分）

（1）在重庆谈判和政协会议期间，各民主党派作为"第三方面"，主要同共产党一道，反对国民党反动派的内战、独裁政策，为争取和平民主而共同努力。（2 分）

（2）在国民党当局撕毁政协协议、发动全面内战后，民主党派中的大多数同共产党保持一致，拒绝参加国民党一手包办的"国民大会"、反对国民党炮制的"宪法"。（2 分）

（3）民主党派的许多成员积极参加和支持中国共产党领导的爱国民主运动，有的为此流血牺牲。（3 分）

（4）在人民解放战争转入战略反攻并且取得节节胜利的形势下，1948 年初，

各民主党派公开宣言，站在人民革命一边，同共产党一道为推翻国民党的反动统治和建立新中国而共同奋斗。（3分）

【本题考点】中国共产党与各民主党派的团结合作（简单运用）

33.【参考答案】

◎ 试述中共十八大后党和国家事业的历史性成就和历史性变革带给我们的启示。（10分）

（1）历史性成就和历史性变革主要是：

经济建设取得重大成就；全面深化改革取得重大突破；民主法制建设迈出重大步伐；思想文化建设取得重大进展；人民生活不断改善；生态文明建设成效显著；强军兴军开创新局面；港澳台工作取得新进展；全方位外交布局深入展开；全面从严治党成效显著。（4分）

（2）启示：

① 必须始终坚持用党的理论创新成果武装头脑、指导实践。（2分）

② 必须始终维护党中央和全党的核心。（2分）

③ 必须始终坚持和加强党的全面领导。（2分）

【本题考点】党和国家事业的历史性成就和历史性变革（综合运用）

"中国近现代史纲要"考前十套通关试卷（六）

参考答案与答案解析

一、单项选择题（本大题共 25 小题，每小题 2 分，共 50 分。在每小题列出的备选项中只有一项是最符合题目要求的，请将其选出）

第1题	第2题	第3题	第4题	第5题	第6题	第7题	第8题	第9题
C	D	D	D	B	A	A	B	A
第10题	第11题	第12题	第13题	第14题	第15题	第16题	第17题	第18题
C	B	D	C	B	B	C	D	A
第19题	第20题	第21题	第22题	第23题	第24题	第25题	—	—
D	B	C	C	B	B	C	—	—

1. 【参考答案】C

【师探解析】1895 年，中日《马关条约》签订，中国割让辽东半岛、台湾全岛及所有附属各岛屿和澎湖列岛给日本。

【本题考点】资本-帝国主义列强发动的侵华战争以及迫使清政府签订的一系列不平等条约（识记）

2. 【参考答案】D

【师探解析】广学会发行的《万国公报》，除介绍西方的政治、经济、文化和社会状况外，还竭力宣扬殖民地奴化思想，为外国列强侵华进行辩护。

【本题考点】资本-帝国主义列强制造的侵略中国的舆论（领会）

3. 【参考答案】D

【师探解析】1843 年，魏源在《四洲志》的基础上编纂了《海国图志》，综述世界各国历史、地理及中国应采取的对外政策，提出了"师夷长技以制夷"的思想，主张学习外国先进的军事和科学技术，以期国家富强来抵御侵略。

【师探补充】本题其他考法：1843 年，魏源在《海国图志》中提出的思想主张是师夷长技以制夷。

【本题考点】林则徐、魏源与睁眼看世界（识记）

4. 【参考答案】D

【师探解析】资产阶级维新派主要通过向皇帝上书、著书立说、介绍外国的变法、办学会、办报纸、设学堂的方式宣传变法维新主张。其中，梁启超写了《变法通义》。

【本题考点】维新派宣传变法维新主张的活动（领会）

5. 【参考答案】B

【师探解析】维新派办学会、办报纸、设学堂。影响较大的报纸有梁启超任主笔的上海《时务报》、严复主办的天津《国闻报》及湖南的《湘报》等。

【师探补充】影响较大的学会有强学会、南学会、保国会等。重要的学堂有康有为主持的广州万木草堂、梁启超任中学总教习的长沙时务学堂等。

【本题考点】维新派宣传变法维新主张的活动（领会）

6. 【参考答案】A

【师探解析】1904 年至 1905 年，日、俄两国为了争夺在华利益竟然在中国东北进行战争，清政府却宣布"局外中立"，结果日本战胜俄国，俄国将所攫得的中国东北南部所有一切权益"转让"给日本。

【本题考点】清末"新政"及其破产（领会）

7. 【参考答案】A

【师探解析】面对北洋军阀的黑暗统治，以孙中山为首的资产阶级革命派仍坚持革命的立场，为捍卫资产阶级民主革命成果进行了一系列的斗争。为反动袁世凯刺杀宋教仁和"善后大借款"，孙中山领导革命党人发动了"二次革命"。

【本题考点】北洋军阀的统治及孙中山反对北洋军阀的斗争（简单运用）

8. 【参考答案】B

【师探解析】五四运动是中国近代史上一次彻底反帝反封建的革命运动，把中国人民反帝反封建的斗争提升到一个新水平。

【本题考点】五四运动的历史意义（综合运用）

9. 【参考答案】A

【师探解析】中国共产党的最早组织是 1920 年 8 月在中国工人阶级最密集的中心城市——上海成立的。陈独秀任书记，成员有李汉俊、李达等。这是中国第一个地方共产党组织。作为党的发起组和联络中心，它在建立全国统一的工人阶级革命政党的过程中起了重要的作用。

【本题考点】中国共产党的早期组织（识记）

10. 【参考答案】C

【师探解析】1921年，沈定一等在浙江省萧山县衙前村成立了第一个农民协会，组织农民开展反抗地主压迫与剥削的斗争。

【本题考点】中国共产党成立初期领导发动的工农运动（领会）

11. 【参考答案】B

【师探解析】新三民主义和中共在民主革命阶段的纲领基本一致，成为国共合作的政治基础和革命统一战线的共同纲领。

【本题考点】第一次国共合作的政治基础及组织形式（领会）

12. 【参考答案】D

【师探解析】张学良于1928年12月29日发出通告，宣布"遵守三民主义，服从国民政府，改易旗帜"。北洋军阀不再作为独立的政治力量继续存在，国民党在全国范围内建立了自己的统治。

【本题考点】东北易帜（识记）

13. 【参考答案】C

【师探解析】遵义会议会后不久，中共中央政治局常委分工，根据毛泽东的提议，决定由张闻天代替博古负总的责任；博古任红军总政治部代理主任；并成立了由毛泽东、周恩来、王稼祥组成的新的三人团，全权负责红军的军事行动。这一系列重大决策，是在中国共产党同共产国际中断联系的情况下，独立自主地作出的。

【本题考点】遵义会议的召开及其意义（综合运用）

14. 【参考答案】B

【师探解析】从1937年7月卢沟桥事变到1938年10月广州、武汉失守，中国抗战处于战略防御阶段。在1938年10月广州、武汉失守后，中国抗日战争进入战略相持阶段。

【本题考点】相持阶段到来后国民党的对内对外政策（领会）

15. 【参考答案】B

【师探解析】抗战时期的国民党统治区被称为大后方。1941年3月中国民主政团同盟成立，9月创办了盟报《光明报》。中共中央长江局、南方局先后具体领导了大后方的抗日民族统一战争工作。

【本题考点】中国共产党领导和开展的大后方抗日民主运动和抗日文化工作（综合运用）

16. 【参考答案】C

【师探解析】1946年2月10日，国民党派遣的特务、打手，破坏"陪都各界协进会"等19个团体发起在重庆校场口广场举行的"庆祝政协成功大会"，制造了校场口惨案。

【本题考点】校场口惨案（识记）

17. 【参考答案】D

【师探解析】1947年7月至9月，中国共产党在河北省平山县召开了全国土地会议，制定和通过了彻底实行土地改革的《中国土地法大纲》，明确规定废除封建性及半封建性剥削的土地制度，实现耕者有其田的土地制度。

【本题考点】《中国土地法大纲》（识记）

18. 【参考答案】A

【师探解析】在毛泽东和中共中央军委的领导与指挥下，在人民群众的热烈支援下，中国人民解放军先后发动了辽沈、淮海、平津三大战役。

【本题考点】战略决战（识记）

19. 【参考答案】D

【师探解析】1949年3月，中共七届二中全会在河北省平山县西柏坡村召开。其主要内容是：第一，规定了全国胜利后中国共产党在政治、经济、外交方面应当采取的基本政策；第二，指出了中国由农业国转变为工业国、由新民主主义社会转变为社会主义社会的发展方向；第三，在中国共产党自身建设的问题上，提出了"两个务必"的要求。

【本题考点】中共七届二中全会的主要内容（领会）

20. 【参考答案】B

【师探解析】1957年2月，毛泽东在扩大的最高国务会议上发表《关于正确处理人民内部矛盾的问题》的讲话，提出要把正确处理人民内部矛盾作为国家政治生活的主题。毛泽东在文章中科学分析了社会主义社会的基本矛盾，指出：社会主义社会的基本矛盾仍然是生产力和生产关系、经济基础和上层建筑之间的矛盾。在文章中还概括提出了区分和处理敌我和人民内部两类矛盾的学说。

【本题考点】毛泽东关于社会主义社会基本矛盾的分析（简单运用）

21. 【参考答案】C

【师探解析】1961年1月，中共八届九中全会正式决定对国民经济实行"调整、巩固、充实、提高"的方针。

【本题考点】20世纪60年代前期的国民经济调整（领会）

22. 【参考答案】C

【师探解析】七千人大会前后，中央开始对"反右倾"运动中受到错误批判的人进行甄别平反，由于采取了一系列果断措施，国民经济得到了比较顺利的恢复和发展。1964年年底到1965年年初，在国民经济调整任务即将基本完成的时候，召开了第三届全国人民代表大会第一次会议。中国共产党和政府第一次郑重地向全国人民提出实现四个现代化的奋斗目标。

【本题考点】探索中国社会主义建设道路的曲折历程（综合运用）

23. 【参考答案】B

【师探解析】1978年12月18日至22日，中共十一届三中全会在北京召开。在这次全会召开以前，先举行了为期一个多月的中央工作会议。12月13日，邓小平在中央工作会议闭幕会上作了题为《解放思想，实事求是，团结一致向前看》的讲话。这个讲话实际上是中共十一届三中全会的主题报告。

【本题考点】中共十一届三中全会的历史贡献（综合运用）

24. 【参考答案】B

【师探解析】强化公民环境意识。加强生态文明宣传教育，增强全民节约意识、环保意识、生态意识，倡导弘扬"牢记使命、艰苦创业、绿色发展"的塞罕坝精神，营造爱护生态环境的良好风气。

【本题考点】塞罕坝精神（识记）

25. 【参考答案】C

【师探解析】截至2018年8月，中国已同178个国家建立了外交关系，为我国发展营造了良好外部条件。中国还积极参与应对国际金融危机、气候变化等全球性问题的国际合作，积极开展公共外交。

【本题考点】中国特色大国外交（简单运用）

二、简答题（本大题共5小题，每小题6分，共30分）

26. 【参考答案】

◎ 简述旧民主主义时期中国人民反侵略斗争失败的原因。（6分）

(1) 自 1840 年至 1919 年，中国人民为反对外来侵略进行了英勇斗争，但都失败了，究其原因：一是社会制度的腐败，二是经济技术的落后，而前者是最根本的原因。(2 分)

(2) 社会制度的腐败。腐朽的清王朝统治者为了自身的私利，不惜出卖国家和民族的利益，总是把防止人民的反抗放在首位，担心人民群众动员起来以后危及自身的统治，宣扬"防民甚于防寇"，压制、破坏人民群众和爱国官兵的反侵略斗争，导致反侵略失败。(2 分)

(3) 经济技术的落后是近代中国人民反侵略战争失败的重要原因。进入近代以后，西方资本主义强国经过工业革命，经济和技术飞速发展，而中国经济技术落后的局面没有改变，经济总量较小，工业技术落后，洋务运动和民族资本主义经济的发展没有改变这种局面，必然导致被动挨打。经济技术的落后，又使中国在武器装备、军队素质、综合实力等方面远远落后于西方列强。(2 分)

【本题考点】近代中国人民反侵略斗争失败的原因（简单运用）

27.【参考答案】

◎ 简述辛亥革命时期中国资产阶级革命派的阶级基础和骨干力量。(6 分)

(1) 中国资产阶级民主革命是由孙中山为首的资产阶级革命派首先发动的。(2 分)

(2) 其阶级基础是中国民族资产阶级。(2 分)

(3) 资产阶级革命派的骨干力量是一批资产阶级、小资产阶级知识分子。(2 分)

【本题考点】资产阶级革命派的阶级基础和骨干力量（领会）

28.【参考答案】

◎ 简述中共八七会议的主要内容。(6 分)

(1) 彻底清算了大革命后期陈独秀的右倾机会主义错误，确定了土地革命和武装斗争的方针。(2 分)

(2) 选出了以瞿秋白为首的中央临时政治局。(2 分)

(3) 毛泽东着重阐述了农民问题和武装斗争对于中国革命的极端重要性，强调党"以后要非常注意军事。须知政权是由枪杆子中取得的"。(2 分)

【本题考点】八七会议（识记）

29. 【参考答案】

◎ 简述中国人民抗日战争在世界反法西斯战争中的地位。(6分)

（1）中国人民抗日战争是世界反法西斯战争的东方主战场。中国人民抗日战争开始最早，持续时间最长。中国战场长期牵制和抗击了日本军国主义的主要兵力。中国人民抗日战争对日本侵略者的彻底覆灭起到了决定性作用。(2分)

（2）中国人民的持久抗战，不仅遏制了日本的"北进"计划，迟滞了日本的"南进"步伐，而且大大减轻了其他战场的压力，为盟军完成战略转折和实施战略反攻创造了有利条件。(2分)

（3）中国作为亚太地区盟军对日作战的重要后方基地，为盟国提供了大量战略物资和军事情报。中国军队出国作战，不仅打击了日军，还对盟军给予了实际支援。(2分)

总之，中国人民为战胜法西斯、维护世界和平付出了巨大的牺牲，作出了伟大的贡献。

【本题考点】中国人民抗日战争在世界反法西斯战争中的地位（综合运用）

30. 【参考答案】

◎ 简述新中国1949年至1952年采取的向社会主义过渡的实际步骤。(6分)

（1）没收官僚资本，确立社会主义性质的国营经济的领导地位。(2分)

（2）开始将资本主义工商业纳入国家资本主义轨道。(2分)

（3）引导个体农民在土地改革后逐步走上互助合作的道路。(2分)

【本题考点】过渡时期总路线的内容（识记）

三、论述题（本大题共3小题，考生任选其中2题作答，每小题10分，共20分。如果考生回答的题目超过2题，只按考生回答题目的前2题计分）

31. 【参考答案】

◎ 试述近代中国半殖民地半封建社会的特点。(10分)

（1）资本-帝国主义不但逐步操纵了中国的财政和经济命脉，而且逐步控制了中国的政治，日益成为支配中国的决定性力量。(1分)

（2）中国的封建势力同外国侵略势力相勾结，成为外国列强压迫、奴役中国人民的社会基础和统治支柱。(1分)

（3）中国自然经济的基础虽然遭到破坏，但是封建剥削制度的根基即封建地主的土地所有制依然在广大地区内保持着，成为中国走向现代化和民主化的严

重障碍。(2分)

(4) 中国资本主义有所发展,并在政治、文化生活中起了一定的作用,但没有成为中国社会经济的主体;它的大部分与外国资本-帝国主义和本国封建主义都有或多或少的联系。(2分)

(5) 近代中国各地区经济、政治和文化发展极不平衡,后来,外国列强还支持不同的政治势力以分裂中国,使中国处于不统一状态。(2分)

(6) 中国的广大人民尤其是农民日益贫困化以至大批地破产,过着饥寒交迫和毫无政治权利的生活。(2分)

【本题考点】近代中国半殖民地半封建社会的特点(识记)

32.【参考答案】

◎ 试述俄国十月革命对中国革命的影响。(10分)

(1) 推动中国的先进分子从资产阶级民主主义转向社会主义。(2分)

(2) 给予中国先进分子一个启示,即经济文化落后的国家也可以用社会主义思想指引自己走向解放之路。(2分)

(3) 苏维埃俄国号召反对帝国主义,以新的平等姿态对待中国,推动了社会主义思想在中国的传播。(2分)

(4) 昭示中国先进分子以新的方法开展革命。(2分)

(5) 中国思想界产生了一批赞成十月革命、具有初步共产主义思想的知识分子。(2分)

【本题考点】俄国十月革命对中国革命的影响。(领会)

33.【参考答案】

◎ 试述中共十一届三中全会是新中国成立以来党的历史上具有深远意义的伟大转折。(10分)

(1) 重新确立了马克思主义的思想路线。全会冲破长期"左"的错误的严重束缚,彻底否定了"两个凡是"的错误方针,高度评价了关于真理标准问题的讨论,并且断然否定"以阶级斗争为纲"的指导思想,恢复了马克思主义实事求是的思想路线。(2分)

(2) 全会公报全面分析了当前的主要矛盾和主要任务,作出了把工作重点转移到社会主义现代化建设上来和实行改革开放的战略决策。(2分)

(3) 全会恢复了党的民主集中制优良传统,审查解决了历史上遗留的一批

重大问题和一些重要领导人的功过是非问题。(2分)

(4) 为了适应社会主义现代化建设的需要，全会决定在党的生活和国家政治生活中加强民主，明确党的思想路线，加强党的领导机构和成立中央纪律检查委员会。(2分)

(5) 中共十一届三中全会是新中国成立以来党的历史上具有深远意义的伟大转折。全会结束了粉碎"四人帮"后两年在徘徊中前进的局面，开始了中国共产党在思想、政治、组织等领域全面拨乱反正，形成了以邓小平为核心的党的中央领导集体，揭开了社会主义改革开放的序幕。以这次全会为起点，中国进入了改革开放和社会主义现代化建设的历史新时期。(2分)

【本题考点】中共十一届三中全会的历史贡献（综合运用）

"中国近现代史纲要"考前十套通关试卷(七)

参考答案与答案解析

一、单项选择题(本大题共25小题,每小题2分,共50分。在每小题列出的备选项中只有一项是最符合题目要求的,请将其选出)

第1题	第2题	第3题	第4题	第5题	第6题	第7题	第8题	第9题
D	A	A	C	B	D	B	A	B
第10题	第11题	第12题	第13题	第14题	第15题	第16题	第17题	第18题
B	B	D	D	D	B	C	C	A
第19题	第20题	第21题	第22题	第23题	第24题	第25题	—	—
D	C	C	D	A	C	A	—	—

1. 【参考答案】D

【师探解析】1895年,严复在《救亡决论》一文中响亮地喊出了"救亡"的口号,此后,严复翻译出版的《天演论》(1898年正式出版)。他用"物竞天择""适者生存"的社会进化论思想,激发人们的危机意识和民族意识。"师夷长技以制夷"由魏源提出。1894年11月,孙中山创立革命团体——兴中会,喊出"振兴中华"这个时代的最强音。冯桂芬对兴办洋务事业的指导思想"中学为体、西学为用"最先作出比较完整的表述。

【本题考点】严复与"救亡"口号(识记)

2. 【参考答案】A

【师探解析】从19世纪60到90年代,洋务派举办的洋务事业归纳起来主要有以下三个方面:一是兴办近代企业,洋务派最早兴办的是军用工业;二是建立新式海陆军;三是创办新式学堂、派遣留学生。

【本题考点】洋务派举办的洋务事业(领会)

3. 【参考答案】A

【师探解析】1894年,孙中山在檀香山组织了中国第一个资产阶级革命组织——兴中会。1895年春,在香港成立兴中会总部。继兴中会之后,资产阶级革命团体在各地陆续成立。其中重要的有黄兴为会长的华兴会、蔡元培为会长的光复会及科学补习所、岳王会等。

【本题考点】孙中山与兴中会的建立（识记）

4. 【参考答案】C

【师探解析】20世纪初，资产阶级革命派著书立说，使民主革命思想迅速传播开来。其中，章炳麟的《驳康有为论革命书》，歌颂革命是"启迪民智，除旧布新"的良药，强调中国人有能力建立民主共和制度。

【本题考点】革命派与改良派的论战及其意义（综合运用）

5. 【参考答案】B

【师探解析】1905年至1907年，以孙中山为代表的革命派和以康有为为代表的改良派，分别以《民报》和《新民丛报》为主要舆论阵地展开论战。这场论战主要围绕以下问题展开：第一，要不要以革命手段推翻清政府。这是论战的焦点。第二，要不要推翻帝制，实行共和。第三，要不要社会革命。

【本题考点】革命派与改良派的论战及其意义（综合运用）

6. 【参考答案】D

【师探解析】1911年5月，清政府皇族内阁为筹集借款，宣布"铁路干线收归国有"，并将粤汉、川汉铁路的路权出卖给帝国主义，引起湖北、湖南、广东和四川等四省民众的强烈反对，一场事关民族权益和个人利益的保路运动随后兴起，四川省尤其强烈。

【本题考点】各地武装起义与保路风潮（识记）

7. 【参考答案】B

【师探解析】李大钊最先由民主主义者转变为共产主义者，在中国大地率先举起马克思主义旗帜。他的《法俄革命之比较观》《庶民的胜利》《布尔什维主义的胜利》，讴歌十月革命是"二十世纪中世界革命的先声"。确信"将来的环球，必是赤旗的世界"。

【本题考点】俄国十月革命对中国革命的影响（领会）

8. 【参考答案】A

【师探解析】各地共产党早期组织成立后，到工人中去开展宣传和组织工作。1920年11月，李中主持成立了共产党早期组织领导的第一个产业工会——上海机器工会，出版《机器工人》。

【本题考点】中国共产党早期组织（识记）

9. 【参考答案】B

【师探解析】1930年1月，毛泽东在《星星之火，可以燎原》一文中进一步指出，红军、游击队和红色区域的建立和发展，是半殖民地中国在无产阶级领导之下的农民斗争的最高形式，是半殖民地农民斗争发展的必然结果，并且无疑义的是促进全国革命高潮的最重要因素。这就在实际上批评了共产国际和中共党内某些人坚持的"城市中心论"，提出了以乡村为中心的思想，初步形成了农村包围城市、武装夺取政权的理论。

【本题考点】《星星之火，可以燎原》（识记）

10. 【参考答案】B

【师探解析】1934年10月中旬，中共中央机关和中央红军（红一方面军）8.6万人撤离根据地，向西突围转移，开始了震惊中外的长征。

【本题考点】中央红军的战略大转移（识记）

11. 【参考答案】B

【师探解析】1937年8月22日，中共中央在陕北洛川召开了政治局扩大会议。会议通过了《关于目前形势与党的任务的决定》和《抗日救国十大纲领》，提出了关于抗日的基本主张。抗日救国十大纲领，强调要打倒日本帝国主义，关键在于使已经发动的抗战成为全面的全民族的抗战。

【本题考点】洛川会议和《抗日救国十大纲领》（识记）

12. 【参考答案】D

【师探解析】在敌后战场中，八路军副参谋长左权、东北抗日联军第一路军总指挥杨靖宇、第二路军副总指挥赵尚志、新四军第四师师长彭雪枫等抗日将领在作战中以身殉国；还涌现出八路军"狼牙山五壮士"、新四军"刘老庄连"、东北抗联八位女战士等众多英雄群体。

【本题考点】敌后战场涌现的民族英雄和英雄群体（识记）

13. 【参考答案】D

【师探解析】维新派自身弱点和局限主要表现为：第一，不敢否定封建主义；第二，对帝国主义抱有幻想；第三，脱离人民群众。

【师探补充】戊戌维新运动失败的主要原因在于维新派自身的局限和以慈禧太后为首的强大的守旧势力的反对。戊戌维新是中国民族资产阶级登上政治舞台的第一次表演。

【本题考点】戊戌维新运动失败的原因和教训（简单运用）

14. 【参考答案】D

【师探解析】1945年8月9日，毛泽东发表《对日寇的最后一战》的声明，指出抗日战争到了最后阶段，号召八路军、新四军及其他人民军队，应在一切可能条件下，对于一切不愿投降的侵略者及其走狗实行广泛的进攻。

【本题考点】抗日战争的完全胜利（领会）

15. 【参考答案】B

【师探解析】1945年8月28日，毛泽东偕周恩来、王若飞飞赴重庆进行谈判。国共双方于同年10月10日签署《政府与中共代表会谈纪要》（即双十协定），确认和平建国的基本方针。

【本题考点】重庆谈判（识记）

16. 【参考答案】C

【师探解析】1947年2月28日，台湾省台北市人民为反抗国民党当局的暴政、抗议反动军警屠杀市民，举行大规模示威游行，又遭国民党军警镇压。

【师探补充】本题其他考法：台湾人民为反抗国民党当局暴政而发动二二八起义的时间是1947年。

【本题考点】台湾人民二二八起义（识记）

17. 【参考答案】C

【师探解析】科学发展观，第一要义是发展，核心是以人为本，基本要求是全面协调可持续，根本方法是统筹兼顾。

【本题考点】科学发展观的提出及其意义（综合应用）

18. 【参考答案】A

【师探解析】2005年10月召开的中共十六届五中全会，提出了建设社会主义新农村的战略任务，提出了"生产发展、生活宽裕、乡风文明、村容整洁、管理民主"的要求。2006年，全国范围内取消农业税，为农民减轻税费负担1 200多亿元。

【本题考点】建设社会主义新农村（领会）

19. 【参考答案】D

【师探解析】在这种合营企业中，公方代表已经居于领导地位。企业利润采取"四马分肥"的办法，即分为国家所得税、企业公积金、工人福利费、股金红利四个部分。企业收益大部分归国家和工人，资本家所得不足 1/4。这种企业已经具有不同程度的社会主义性质。

【本题考点】"四马分肥"（识记）

20.**【参考答案】**C

【师探解析】 我国农业合作化运动中的过渡性经济组织形式：第一是互助组，这具有社会主义的萌芽。第二是初级农业生产合作社，这具有半社会主义的性质。第三是高级农业生产合作社，这具有社会主义的性质。

【本题考点】 对农业社会主义改造采取的过渡性经济组织形式（领会）

21.**【参考答案】**C

【师探解析】 对资本主义工商业进行社会主义改造，就是实行和平赎买政策，采取国家资本主义的形式，把民族资本主义工商企业改造成为社会主义性质的企业。其特点是：第一，有偿地而不是无偿地，逐步地而不是突然地改变资产阶级的所有制；第二，在改造他们的同时，给予他们以必要的工作安排；第三，不剥夺资产阶级的选举权，并且对于他们中间积极拥护社会主义改造，并在这个改造事业中有所贡献的代表人物给以恰当的政治安排。

【本题考点】 对资本主义工商业采取和平赎买政策的特点及意义（综合运用）

22.**【参考答案】**D

【师探解析】 新中国在核技术、人造卫星和运载火箭等尖端科学技术领域，取得了一系列重要的成就。1964 年 10 月，中国爆炸了第一颗原子弹。1966 年 10 月，装有核弹头的中近程地地导弹发射成功。1967 年 6 月，爆炸了第一颗氢弹。1970 年 4 月，第一颗人造地球卫星发射成功。

【师探补充】 本题其他考法：新中国成功发射的第一颗人造地球卫星的时间是 1970 年 4 月。

【本题考点】"两弹一星"（识记）

23.**【参考答案】**A

【师探解析】 1987 年 10 月 25 日至 11 月 1 日，在北京召开中共十三大，完整地概括社会主义初级阶段"一个中心，两个基本点"的基本路线。1992 年 10 月 12 日至 18 日，中共十四大在北京召开，大会确立了邓小平建设有中国特色社会主义理论在全党的指导地位，概括了建设有中国特色社会主义理论的主要内容。

1997年9月，中共十五大在北京召开，大会阐明了建设中国特色社会主义的经济、政治和文化的基本目标和基本政策，提出了党在社会主义初级阶段的基本纲领。2002年，中共十六大把"三个代表"重要思想同马克思列宁主义、毛泽东思想、邓小平理论一道确立为中国共产党必须长期坚持的指导思想，并写入党章。

【本题考点】中共十三大（识记）

24.【参考答案】C

【师探解析】中国农业的改革与发展，是邓小平十分关注的重要问题。1990年3月，他提出了"两个飞跃"的思想。第一个飞跃是废除人民公社，实行家庭联产承包为主的责任制；第二个飞跃就是发展集体经济。

【本题考点】邓小平关于中国农业改革和发展"两个飞跃"的思想（简单运用）

25.【参考答案】A

【师探解析】全面推进中国特色大国外交，形成全方位、多层次、立体化的外交格局，2001年6月正式成立的上海合作组织是第一个以中国城市命名的国际组织，它进一步加强了中国与周边国家的关系。

【本题考点】上海合作组织（识记）

二、简答题（本大题共5小题，每小题6分，共30分）

26.【参考答案】

◎ 简述太平天国定都天京后，先后颁布的两个社会改革方案（重要纲领）及其特点。（6分）

（1）1853年冬，颁布《天朝田亩制度》。这是一个以解决土地问题为中心的比较完整的社会改革方案，代表了农民要求平均分配土地的强烈愿望，最能体现太平天国社会理想。（3分）

（2）太平天国后期，洪仁玕提出《资政新篇》，作为统筹全局的建议。这是一个带有鲜明资本主义色彩的社会发展方案。但其通篇未涉及农民问题和土地问题。这一致命的弱点，决定了这个方案从一开始就缺乏实施的阶级基础和社会条件。（3分）

【本题考点】《天朝田亩制度》的性质和主要内容（领会）；《资政新篇》的性质和主要内容（领会）

27.【参考答案】

◎简述洋务运动的兴起及其指导思想和主要目的。(6分)

(1) 洋务运动是在19世纪60年代清政府镇压太平天国农民起义的过程中和第二次鸦片战争结束后兴起的。(2分)

(2) 恭亲王奕䜣是清朝统治集团中倡导洋务的首领。冯桂芬对兴办洋务事业的指导思想最先作出比较完整的表述,即以中国之伦常名教为原本,辅以诸国富强之术。这个思想后来被进一步概括为"中学为体,西学为用"。(2分)

(3) 目的首先是为了镇压太平天国起义;同时,也是为了加强海防、边防,抵御外国侵略。(2分)

【师探补充】洋务派兴办的洋务事业:兴办近代企业;建立新式海陆军;创办新式学堂、派遣留学生。

【本题考点】奕䜣与洋务派(识记)

28.【参考答案】

◎简述五四运动的历史特点和历史意义。(6分)

(1) 五四运动是中国近代史上一次彻底反帝反封建的革命运动,把中国人民反帝反封建的斗争提升到一个新水平。(2分)

(2) 五四运动广泛地动员和组织了群众,是一场真正群众性的革命运动。(1分)

(3) 五四运动促进了马克思主义在中国的广泛传播,促进了马克思主义同中国工人运动的结合,为中国共产党的成立作了思想上和干部上的准备。(1分)

(4) 五四运动是中国新民主主义革命的开端。(2分)

【本题考点】新民主主义革命的开端,五四运动的历史意义(综合运用)

29.【参考答案】

◎简述新中国建立初期中国共产党面临的主要问题和考验。(6分)

(1) 能不能保卫住人民胜利的成果,巩固新生的人民政权。(1分)

(2) 能不能战胜严重的经济困难,迅速恢复和发展国民经济。(1分)

(3) 能不能巩固民族独立,维护国家主权和安全。(2分)

(4) 能不能经受住执政的考验,继续保持谦虚、谨慎、不骄、不躁的作风和艰苦奋斗的作风。(2分)

【本题考点】中国共产党在全国执政面临的新考验(综合运用)

30. 【参考答案】

◎ 简述1979年3月邓小平提出的四项基本原则及坚持这些原则的重要性。（6分）

（1）四项基本原则：坚持社会主义道路，坚持人民民主专政，坚持共产党的领导，坚持马克思列宁主义、毛泽东思想。（3分）

（2）坚持这些原则的重要性：这是实现四个现代化的根本前提。如果动摇了其中的任何一项，那就动摇了整个社会主义事业，整个现代化建设事业。（3分）

【本题考点】四项基本原则（识记）

三、论述题（本大题共3小题，考生任选其中2题作答，每小题10分，共20分。如果考生回答的题目超过2题，只按考生回答题目的前2题计分）

31. 【参考答案】

◎ 试述中国工农红军长征胜利的历史意义。（10分）

中国共产党领导的中国工农红军长征的胜利，具有极其重要的历史意义。

（1）中国工农红军的长征是一部伟大的革命英雄主义的史诗。（2分）

（2）通过长征，中国革命的大本营放在了西北，这为迎接中国人民抗日救亡的新高潮准备了条件。（2分）

（3）长征保存并锤炼了中国革命的骨干力量，这是党和红军极为宝贵的精华。（2分）

（4）长征播撒了革命的火种。（2分）

（5）中国共产党人和红军将士用生命和热血铸就了伟大的长征精神。（2分）

【本题考点】红军长征的胜利及其意义（综合运用）

32. 【参考答案】

◎ 试述我国对个体农业进行社会主义改造的基本原则和方针。（10分）

（1）在中国的条件下，可以走先合作化、后机械化的道路。（2分）

（2）充分利用和发挥土改后农民的两种生产积极性，通过互助组、初级农业生产合作社、高级农业生产合作社这种由低到高的互助合作的组织形式，实行积极发展、稳步前进、逐步过渡的方针。（2分）

（3）农业互助合作的发展，要坚持自愿和互利原则，采取典型示范、逐步推广的方法，发展一批，巩固一批。（2分）

（4）始终把是否增产作为衡量合作社是否办好的标准。（2分）

(5) 把社会改造同技术改造相结合。(2分)

【本题考点】对农业进行社会主义改造的基本原则和方针（综合运用）

33. 【参考答案】

◎ 试述毛泽东等老一代革命家对探索中国社会主义民主政治建设道路的理论贡献。(10分)

(1) 我们的目标，是想造成一个又有集中又有民主，又有纪律又有自由、又有统一意志、又有个人心情舒畅、生动活泼，那样一种政治局面。(2分)

(2) 要把正确处理人民内部矛盾作为国家政治生活的主题，坚持人民民主，尽可能团结一切可以团结的力量。(2分)

(3) 处理好中国共产党同各民主党派的关系，坚持长期共存、互相监督的方针，巩固和扩大爱国统一战线。(2分)

(4) 要切实保障人民当家作主的各项权利，尤其是人民参与国家和社会事务管理的权利。(2分)

(5) 社会主义法制要保护劳动人民利益，保护社会主义经济基础，保护社会生产力。(2分)

【本题考点】毛泽东等老一代革命家探索中国社会主义建设道路的理论贡献及其意义（综合运用）

"中国近现代史纲要"考前十套通关试卷（八）
参考答案与答案解析

一、单项选择题（本大题共25小题，每小题2分，共50分。在每小题列出的备选项中只有一项是最符合题目要求的，请将其选出）

第1题	第2题	第3题	第4题	第5题	第6题	第7题	第08题	第09题
A	B	C	B	A	C	D	B	C
第10题	第11题	第12题	第13题	第14题	第15题	第16题	第17题	第18题
D	B	D	A	B	D	B	D	B
第19题	第20题	第21题	第22题	第23题	第24题	第25题	—	—
B	C	D	A	C	D	D	—	—

1. 【参考答案】A

【师探解析】美国由于来得较迟，便于1899年9月至11月照会各国，提出了"门户开放"政策，即美国可以获得他国在中国获得的所有权益。中国面临着被彻底瓜分的危险。

【本题考点】19世纪末帝国主义列强瓜分中国的图谋及其失败的原因（领会）

2. 【参考答案】B

【师探解析】外国列强对中国经济掠夺通过控制中国通商口岸、剥夺中国关税自主权、对华倾销商品和资本输出，并逐渐操纵中国经济命脉。1842年，《南京条约》开放广州、厦门、福州、宁波、上海5口为通商口岸。

【本题考点】资本-帝国主义列强对中国的经济掠夺（领会）

3. 【参考答案】C

【师探解析】太平天国后期，"干王"洪仁玕提出《资政新篇》，作为统筹全局的建议。《资政新篇》是太平天国后期颁布的一个带有鲜明资本主义色彩的社会发展方案。但其通篇未涉及农民问题和土地问题。这一致命的弱点，决定了这个方案从一开始就缺乏实施的阶级基础和社会条件。

【师探补充】本题其他考法：太平天国后期颁布的由洪仁玕提出的具有资本主义色彩的社会发展方案是《资政新篇》。

【本题考点】《资政新篇》的性质和主要内容（领会）

4. 【参考答案】B

【师探解析】太平天国失败的根本原因，是缺乏先进阶级的领导。农民阶级不是新的生产力和生产关系的代表，带有小生产者所固有的阶级局限性，既不能提出完整、正确的政治纲领和社会改革方案，也无法长期保持领导集团的团结，无法制止腐化现象的滋生。

【本题考点】太平天国失败的原因和教训（简单运用）

5. 【参考答案】A

【师探解析】洋务派到19世纪90年代，分别建成福建水师、广东水师、南洋水师、北洋水师。其中，北洋水师是清政府海军的主力，一直由李鸿章管辖。

【本题考点】洋务派举办的洋务事业（领会）

6. 【参考答案】C

【师探解析】资产阶级维新派主要通过著书立说等方式宣传变法维新主张，其中康有为写了《新学伪经考》《孔子改制考》和《人类公理》等著作；梁启超写了《变法通义》，谭嗣同写了《仁学》，严复翻译了英国著作《进化与伦理》的前两篇，汉译名为《天演论》。

【本题考点】维新派宣传变法维新主张的活动（领会）

7. 【参考答案】D

【师探解析】1905年8月20日，孙中山、黄兴等人在东京成立中国同盟会。中国同盟会以"驱除鞑虏，恢复中华，创立民国，平均地权"为纲领，机关报为《民报》。中国同盟会是近代中国第一个全国性的资产阶级性质的政党，它的成立标志着中国资产阶级民主革命进入了一个新阶段。

【本题考点】中国同盟会（识记）

8. 【参考答案】B

【师探解析】辛亥革命是一次比较完全意义上的资产阶级民主革命，打开了中国进步潮流的闸门，是中华民族伟大复兴征程上的一个里程碑，具有伟大的历史意义。

【师探补充】辛亥革命胜利的历史意义：第一，辛亥革命推翻了清王朝在中国的统治，沉重打击了中外反动势力在中国的统治；第二，辛亥革命结束了统治中国两千多年的封建君主专制制度，建立了中国历史上第一个资产阶级共和政府；第三，辛亥革命传播了民主共和的理念，推动了中华民族的思想解放；第四，辛亥革命推动了近代中国社会变革，推动了民族资本主义经济的发展，促进了社会风气的改变和人们的精神解放；第五，辛亥革命打击了帝国主义在华势力，推动了亚洲各国民族解放运动的高涨。

【本题考点】辛亥革命胜利的历史意义（综合运用）

9. 【参考答案】C

【师探解析】在早期马克思主义者的推动下，马克思主义开始在中国得到比较广泛的传播。主要表现为：一是马克思主义著作的翻译和出版；二是研究和宣传马克思主义的社团纷纷涌现；三是若干进步刊物的创办。其中，1920年3月，在李大钊指导下，邓中夏、高君宇等在北京大学成立马克思学说研究会。5月，陈独秀在上海成立马克思主义研究会。

【本题考点】早期马克思主义思想运动的历史特点（领会）

10. 【参考答案】D

【师探解析】全国范围的大革命风暴起始于五卅运动。五卅惨案后，工人罢工，学生罢课，商人罢市，反对帝国主义的民族运动浪潮迅速席卷全国。

【本题考点】国民革命的兴起（领会）

11. 【参考答案】B

【师探解析】国民党在全国的统治建立后，官僚买办资本急剧地膨胀起来。它和国家政权结合在一起，同外国帝国主义、本国地主阶级结合在一起，成为买办的封建的国家垄断资本，成为国民党统治的经济基础。

【本题考点】国民党统治下的中国社会经济（综合运用）

12. 【参考答案】D

【师探解析】从1930年10月到1931年7月，红一方面军在毛泽东、朱德等指挥下，贯彻积极防御的方针，实行"诱敌深入""避敌主力、打其虚弱"等一整套行之有效的战术，连续粉碎了国民党军队的三次"围剿"。红一方面军三次反"围剿"作战的胜利，使赣南、闽西根据地连成一片，形成拥有21座县城、250万人口、5万平方公里土地的中央革命根据地。

【本题考点】红军反"围剿"作战的胜利（领会）

13. 【参考答案】A

【师探解析】1931年11月，中华苏维埃第一次全国代表大会在江西省瑞金县叶坪村举行。大会通过了《中华苏维埃共和国宪法大纲》及土地法令、劳动法等法律文件；选举产生了中华苏维埃共和国中央执行委员会；宣告了中华苏维埃共和国临时中央政府的成立。毛泽东当选为中央执行委员会主席。

【本题考点】中华苏维埃第一次全国代表大会（识记）

14. 【参考答案】B

【师探解析】抗日战争进入相持阶段后，日本改变了"速战速决"的战略方针，准备应付长期战争。1938年11月，日本政府提出"善邻友好、共同防共、经济提携"的对华三原则，对国民政府采取政治诱降为主、军事打击为辅的方针。

【本题考点】相持阶段到来后国民党的对内对外政策（领会）

15. 【参考答案】D

【师探解析】1942年2月，国民政府组成了中国远征军入缅甸作战。中国远征军英勇作战，在东吁保卫战中，歼灭日军5 000多人。中国陆军第二〇〇师师长戴安澜在缅北殉国。

【本题考点】中国战区与中国远征军（领会）

16. 【参考答案】B

【师探解析】1938年5月至6月，毛泽东发表《论持久战》，科学地预测了抗日战争的发展进程。即抗日战争将经过战略防御、战略相持、战略反攻三个阶段。其中，战略相持阶段，是中国抗日战争取得最后胜利的最关键的阶段。只要坚持持久抗战、坚持抗日民族统一战线，中国将在这个阶段中获得转弱为强的力量。

【本题考点】毛泽东《论持久战》的主要内容及其意义（综合运用）

17. 【参考答案】D

【师探解析】国统区人民所进行的第二条战线的斗争，以学生运动为发端。1945年发生在昆明的一二·一运动，吹响了国统区爱国学生运动的第一声号角，在全国范围产生了重大影响。一二·三〇运动是1946年12月30日，为抗议驻华美军强暴北京大学先修班一位女生，"以抗议美军暴行！""美军退出中国！"为基本口号的学生抗暴运动。1947年5月20日，南京、天津爆发学生运动并遭到镇压，这一流血事件（即五二〇惨案）后，学生们提出了"反迫害"的口号，标志着反对国民党统治的第二条战线正式形成。

【本题考点】五二〇惨案（识记）

18.**【参考答案】**B

【师探解析】1947年10月，国民党当局宣布民盟为"非法团体"，明令对该组织及其成员的一切活动"严加取缔"。同年11月6日，民盟总部被迫发表公告，通告盟员即日起一律停止政治活动，民盟总部即日解散。

【本题考点】中国共产党与各民主党派的团结合作（简单运用）

19.**【参考答案】**B

【师探解析】中华人民共和国的成立，标志着中国的新民主主义革命取得了基本的胜利，标志着半殖民地半封建社会的结束和新民主主义社会在全国范围内的建立。

【本题考点】中华人民共和国的成立开辟了中国历史的新纪元（综合运用）

20.**【参考答案】**C

【师探解析】新中国成立不久，又面临着外部侵略的威胁。1950年6月，朝鲜战争爆发。中国政府毅然作出抗美援朝、保家卫国的决策。彭德怀被任命为中国人民志愿军司令员兼政治委员。中朝两国人民及其军队经过近三年的艰苦作战及谈判斗争，终于迫使美国代表于1953年7月27日在停战协定上签字。

【本题考点】抗美援朝，保家卫国（简单运用）

21.**【参考答案】**D

【师探解析】我国农业合作化运动中的过渡性经济组织形式：第一是互助组，这具有社会主义的萌芽；第二是初级农业生产合作社，这具有半社会主义的性质；第三是高级农业生产合作社，这具有社会主义的性质。

【本题考点】手工业合作化的组织形式（识记）

22.**【参考答案】**A

【师探解析】1987年10月25日至11月1日，中国共产党第十三次全国代表大会在北京举行。大会比较系统地阐述了关于社会主义初级阶段的理论，完整地概括了中国共产党在社会主义初级阶段"一个中心、两个基本点"的基本路线，制定了下一步经济体制改革和政治体制改革的基本任务和奋斗目标。

【本题考点】中共十三大（识记）

23.**【参考答案】**C

【师探解析】2012年11月8日至14日，中国共产党第十八次全国代表大会在北京举行。中共十八大精神归结到一点，就是坚持和发展中国特色社会主义。中共十八大开启了中国特色社会主义新时代。

【本题考点】 中共十八大（识记）

24.【参考答案】 D

【师探解析】 1997年7月1日，香港回归。1999年12月20日，澳门也回归祖国。香港、澳门的回归，使"一国两制"从科学构想变为现实，标志着祖国统一大业又向前迈出了重要的一步。

【师探补充】 本题其他考法：1999年12月，中国在推进国家统一大业方面迈出的重要一步是恢复对澳门行使主权。

【本题考点】 香港、澳门的回归（简单运用）

25.【参考答案】 D

【师探解析】 辛亥革命是一次比较完全意义上的资产阶级民主革命，打开了中国进步潮流的闸门，是中华民族伟大复兴征程上的一个里程碑，具有伟大的历史意义。中华人民共和国的成立，标志着中国的新民主主义革命取得了基本的胜利，标志着半殖民地半封建社会的结束和新民主主义社会在全国范围内的建立。改革开放是中国共产党在新的历史条件下带领全国各族人民进行的新的伟大革命，是决定当代中国命运的关键抉择，也是实现中华民族伟大复兴的关键一招。

【本题考点】 决定当代中国命运的关键抉择（识记）

二、简答题（本大题共5小题，每小题6分，共30分）

26.【参考答案】

◎ 简述《资政新篇》中关于政治和经济方面的主要内容。（6分）

（1）政治方面，主张"禁朋党之弊"，加强中央集权，制定法律、制度；设"暗柜"，用以监督官员，改革弊政。（3分）

（2）经济方面，主张发展近代工矿、交通、邮政、金融等事业；吸取外国的科学技术，奖励科技发明和机器制造；提出"准富者请人雇工"，即提倡资本主义的雇佣劳动制。（3分）

【师探补充】 思想文化方面，提出设新闻官，新闻馆；主张革除缠足、溺婴等社会陋习；提倡兴办学校、医院和社会福利事业。在外交方面，主张同世界各国交往、通商；强调允许外国人为天国献策，但不得毁谤国法。

【本题考点】《资政新篇》的性质和主要内容（领会）

27.【参考答案】

◎ 简述1912年建立的中华民国临时政府的性质。(6分)

(1) 南京临时政府是一个资产阶级共和国性质的革命政权。(1分)

(2) 从人员构成上看,资产阶级革命派控制着这个政权。除孙中山作为临时大总统拥有统治全国和统率海、陆军之权外,陆军、外交等重要部门的总长和所有各部门的次长全由革命党人担任。在作为国家立法机关的临时参议院中,中国同盟会会员也占多数。(1分)

(3) 从政策措施上看,集中体现了中国民族资产阶级的愿望和利益,也在一定程度上符合广大中国人民的利益:

① 扫除种种封建弊端,保护人权。(1分)

② 鼓励发展资本主义工商业,提倡兴办工厂、矿山、银行、垦殖事业等。(1分)

③ 宣布禁止刑讯,保护华侨、禁止贩卖华工,禁止买卖人口、废除奴婢,禁止种植和吸食鸦片等。(1分)

④ 宣布改革文化教育制度,否定忠君尊孔教育,废止小学读经,禁用清政府学部颁行的各种教科书等。(1分)

【本题考点】中华民国南京临时政府的性质(领会)

28.【参考答案】

◎ 简述遵义会议集中解决的主要问题及其意义。(6分)

(1) 主要问题:遵义会议集中全力解决了当时具有决定意义的军事和组织问题,开始确立以毛泽东为代表的马克思主义正确路线在党中央的领导地位。(3分)

(2) 意义:遵义会议在极其危急的情况下挽救了中国共产党、挽救了中国工农红军、挽救了中国革命,成为中国共产党历史上一个生死攸关的转折点。这为党和革命事业转危为安、不断打开新局面提供了最重要的保证。(3分)

【本题考点】遵义会议的召开及其意义(综合运用)

29.【参考答案】

◎ 简述一二·九运动及其历史意义。(6分)

(1) 1935年12月9日,在中共北平临时工作委员会领导下,北平学生举行抗日游行,喊出"反对华北自治运动""打倒日本帝国主义""停止内战,一致

对外"等口号,游行队伍遭到国民党军警镇压,这就是一二·九运动。(3分)

(2)意义:一二·九运动打击了日本帝国主义侵略中国并吞并华北的计划,促进了中华民族的觉醒,标志着中国人民抗日救亡运动新高潮的到来。(3分)

【本题考点】一二·九运动及其意义(简单运用)

30.**【参考答案】**

◎ 简述《中国人民政治协商会议共同纲领》规定的新中国的经济工作方针。(6分)

规定了新中国经济工作方针:"以公私兼顾、劳资两利、城乡互助、内外交流的政策,达到发展生产、繁荣经济之目的。"(2分)国家应调剂国营经济、个体经济、私人资本主义经济等,"使各种社会经济成分在国营经济领导之下,分工合作,各得其所,以促进整个社会经济的发展"。(4分)

【本题考点】中国人民政治协商会议及其《共同纲领》的主要内容(综合运用)

三、论述题(本大题共3小题,考生任选其中2题作答,每小题10分,共20分。如果考生回答的题目超过2题,只按考生回答题目的前2题计分)

31.**【参考答案】**

◎ 试述近代中国社会的主要矛盾、相互关系及其影响和近代以来中华民族面临的历史任务。(10分)

(1)矛盾:在半殖民地半封建的中国,帝国主义与中华民族的矛盾、封建主义与人民大众的矛盾是两对主要矛盾,而帝国主义与中华民族的矛盾,乃是各种矛盾中最主要的矛盾。这两对主要矛盾相互交织在一起,贯穿了整个半殖民地半封建社会的始终,并对中国社会的发展变化起着决定性作用。(2分)

(2)相互关系:

① 当外国列强向中国发动侵略战争时,为避免亡国灭种的危险,中国内部各阶级,除了汉奸、卖国贼外,能够暂时团结起来共同对敌,阶级矛盾降到次要地位,而民族矛盾上升到主要地位。(1分)

② 当外国侵略者同中国封建政权相勾结,共同镇压中国革命,尤其是封建地主阶级对人民的压迫特别残酷时,中国人民往往用战争的形式反对封建政权,这时阶级矛盾就上升为主要矛盾。(1分)

③ 当国内战争发展到直接威胁帝国主义在华利益及中国封建地主阶级统治

时，外国列强甚至直接出兵，镇压中国人民，援助中国反动派，这时外国列强和国内封建主义完全公开站在一条战线上。(1分)

(3) 影响：近代中国的民族民主革命，就是在这些主要矛盾及其激化的基础上发生和发展起来的。中国人民近百年不屈不挠的英勇斗争，就是为了解决中国社会的主要矛盾，推动中国社会前进。(3分)

(4) 历史任务：一是求得民族独立和人民解放；二是实现国家繁荣富强和人民共同富裕。(2分)

【本题考点】 半殖民地半封建社会的两对主要矛盾及其关系（综合运用）

32.**【参考答案】**

◎ 试述太平天国的历史意义。(10分)

(1) 它沉重打击了封建统治阶级，强烈撼动了清政府的统治根基。太平天国起义坚持了14年之久，革命的势力先后扩展到18个省，规模大，时间长，影响深，加速了清王朝的衰败过程。(2分)

(2) 它是中国旧式农民战争的最高峰，具有不同于以往农民战争的新的历史特点。太平天国的《天朝田亩制度》，比较完整地表达了千百年来农民对拥有土地的渴望。《资政新篇》是中国近代史上第一个比较系统的发展资本主义的方案。(2分)

(3) 冲击了孔子和儒家经典的正统权威，在一定程度上削弱了封建统治的精神支柱。(2分)

(4) 太平天国农民战争有力地打击了外国侵略势力。太平天国的领袖们拒绝不平等条约，严禁鸦片贸易，与外国军队进行了英勇斗争。(2分)

(5) 在19世纪中叶的亚洲民族解放运动中，太平天国起义是其中时间最久、规模最大、影响最深的一次。它和亚洲其他国家的民族解放运动汇合在一起，冲击了西方殖民主义在亚洲的统治。(2分)

【本题考点】 太平天国的历史意义（综合运用）

33.**【参考答案】**

◎试述中华人民共和国成立的历史意义。(10分)

(1) 中华民族开始以崭新姿态自立于世界的民族之林。(2分)

(2) 建立了一个真正属于人民的共和国。(2分)

(3) 国家基本统一，民族团结，社会政治局面趋向稳定，人民可以集中力

量从事经济文化等方面建设。(2分)

(4) 从根本上改变了中国社会的发展方向,为实现由新民主主义向社会主义的过渡创造了政治前提。(2分)

(5) 中国共产党成为全国范围内的执政党。(2分)

【本题考点】中华人民共和国的成立开辟了中国历史的新纪元(综合运用)

"中国近现代史纲要"考前十套通关试卷（九）
参考答案与答案解析

一、单项选择题（本大题共25小题，每小题2分，共50分。在每小题列出的备选项中只有一项是最符合题目要求的，请将其选出）

第1题	第2题	第3题	第4题	第5题	第6题	第7题	第8题	第9题
A	A	C	C	B	C	A	C	B
第10题	第11题	第12题	第13题	第14题	第15题	第16题	第17题	第18题
D	C	A	C	C	C	C	D	A
第19题	第20题	第21题	第22题	第23题	第24题	第25题	—	—
C	D	C	D	A	C	B	—	—

1. 【参考答案】A

【师探解析】1851年，洪秀全在广西金田村发动起义，建号太平天国。太平天国是中国历史上空前规模的农民战争，前后坚持了14年之久，势力先后扩展到18个省，其规模之大，时间之长，影响之深，达到了历代农民战争的最高峰。

【师探补充】旧式农民战争的最高峰是太平天国运动。

【本题考点】洪秀全与金田起义（识记）

2. 【参考答案】A

【师探解析】冯桂芬对兴办洋务事业的指导思想最先作出比较完整的表述，即以中国之伦常名教为原本，辅以诸国富强之术。这个思想后来被进一步概括为"中学为体，西学为用"。

【本题考点】奕䜣与洋务派（识记）

3. 【参考答案】C

【师探解析】1898年3月，洋务派官僚、湖广总督张之洞写了《劝学篇》，宣扬"中学为体，西学为用"思想，强调封建制度的纲常名教是不能改变的。这本书成为对抗维新变法的代表作。

【本题考点】维新派与守旧派的论战（领会）

4. 【参考答案】C

【师探解析】1915年9月，陈独秀在上海创办《青年杂志》（后改名为《新青年》），成为新文化运动兴起的标志。

【本题考点】陈独秀与新文化运动的兴起（识记）

5. 【参考答案】B

【师探解析】1922年7月，中国共产党第二次全国代表大会在上海召开。规定了中国共产党的最高纲领和最低纲领。中共二大在中国近代史上第一次明确提出了反帝反封建的民主革命纲领，解决了分清敌友这个革命的首要问题。历史证明，只有用马克思主义武装起来的中国共产党才能为中国革命指明方向。

【师探补充】党的最高纲领是实现社会主义、共产主义。党的最低纲领，即党在当前阶段也就是民主革命阶段的纲领是：消除内乱，打倒军阀，建设国内和平；推翻国际帝国主义的压迫，达到中华民族完全独立；统一中国为真正的民主共和国。

【本题考点】中共二大（识记）

6. 【参考答案】C

【师探解析】1927年4月12日（四一二政变），蒋介石在上海发动反共政变，以"清党"名义捕杀共产党员和革命群众。4月18日，蒋介石在南京另立国民政府。此后，江苏、浙江、福建、广东、广西等省相继发生反共政变。

【本题考点】国民革命的意义以及失败的原因与教训（综合运用）

7. 【参考答案】A

【师探解析】1894年，孙中山在檀香山组织了中国第一个资产阶级革命组织——兴中会。1895年春，在香港成立兴中会总部，并以"驱除鞑虏，恢复中国，创立合众政府"为誓词，决心推翻清政府，建立资产阶级政权。1905年8月20日，孙中山、黄兴等人在东京成立中国同盟会，以"驱除鞑虏，恢复中华，创立民国，平均地权"为纲领，机关报为《民报》。

【师探补充】本题其他考法：近代中国第一个全国性的资产阶级性质的政党是中国同盟会。

【本题考点】中国同盟会（识记）

8. 【参考答案】C

【师探解析】1928年12月，毛泽东在井冈山主持制定了中国共产党历史上第一个土地法，以立法的形式，首次肯定了广大农民获得土地的权利。

【本题考点】土地革命中的阶级路线和土地分配方法（领会）

9.【参考答案】B

【师探解析】1937年卢沟桥事变的第二天即7月8日，中国共产党就通电全国，号召全中国同胞团结起来，筑成民族统一战线的坚固长城，抵抗日本的侵略，并派周恩来等同国民党方面继续谈判。1937年9月22日，国民党中央通讯社发表《中共中央为公布国共合作宣言》；23日，蒋介石发表讲话，实际上承认了中国共产党的合法地位。由此，以国共两党第二次合作为基础的抗日民族统一战线正式建立。

【本题考点】中国共产党关于建立抗日民族统一战线的新政策（综合运用）

10.【参考答案】D

【师探解析】1940年5月，在枣宜会战中，第三十三集团军总司令张自忠殉国。

【本题考点】为国捐躯的国民党将领（识记）

11.【参考答案】C

【师探解析】中间势力主要是指民族资产阶级、开明绅士和地方实力派。顽固势力是指大地主大资产阶级的抗日派，即以蒋介石集团为代表的国民党亲英美派。

【本题考点】中国共产党关于巩固和扩大抗日民族统一战线的策略总方针（综合运用）

12.【参考答案】A

【师探解析】整风运动的主要内容：反对主观主义以整顿学风、反对宗派主义以整顿党风、反对党八股以整顿文风。其中，反对主观主义是整风运动最主要的任务。主观主义的主要表现形式是教条主义和经验主义，尤其是教条主义，这是中国共产党内反复出现"左"、右倾错误的思想认识根源。

【本题考点】延安整风运动及其意义（综合运用）

13.【参考答案】C

【师探解析】新文化运动的主要内容是提倡民主和科学。民主主要是指资产阶级的民主思想和民主制度，倡导造就法国式的资产阶级共和国；民主还提倡个性解放，平等自由，造就自主、自由的人。科学，狭义是指自然科学，广义是指社会科学，即提倡以科学的精神和科学方法来研究社会。

【本题考点】 陈独秀与新文化运动的兴起（识记）

14.**【参考答案】** C

【师探解析】 1946年5月4日，中共中央发出《关于清算、减租及土地问题的指示》（史称"五四指示"），决定将党在抗日战争时期实行的减租减息政策改变为实现"耕者有其田"的政策。

【本题考点】《五四指示》（识记）

15.**【参考答案】** C

【师探解析】 1947年6月底，刘伯承、邓小平率领的晋冀鲁豫野战军主力强渡黄河，在鲁西南地区大量歼敌，配合华东野战军粉碎国民党军的重点进攻，随后千里跃进大别山，在鄂豫皖实施战略展开。人民解放战争战略进攻的序幕由此揭开。

【本题考点】 人民解放军的战略进攻（领会）

16.**【参考答案】** C

【师探解析】 1948年4月1日，毛泽东在晋绥干部会议上的讲话中完整地提出：无产阶级领导的，人民大众的，反对帝国主义、封建主义和官僚资本主义的革命，这就是中国的新民主主义革命，这就是中国共产党在新民主主义革命阶段的总路线和总政策。此次讲话后被整理成为《在晋绥干部会议上的讲话》。

【本题考点】 新民主主义革命总路线（识记）

17.**【参考答案】** D

【师探解析】 1947年5月20日，南京、上海、苏州、杭州地区16所专科以上院校学生6 000余人汇集南京，举行反饥饿、反内战、挽救教育危机联合大游行，遭到国民党宪警的镇压。同日，天津南开大学、北洋大学两校的游行学生，遭到特务殴打，许多人受伤。南京、天津的流血事件，便是震惊中外的五二〇惨案。

【本题考点】 五二〇惨案（识记）

18.**【参考答案】** A

【师探解析】 1948年1月，民盟领导人沈钧儒等在香港召开民盟一届三中全会，宣布不接受解散民盟的任何决定，并恢复民盟总部。会议明确宣告，民盟坚决不能够在是非曲直之间，有中立的态度；表示今后要与中国共产党携手合作。

这次会议，标志着民盟站到了新民主主义革命的立场上来。

【本题考点】民主党派（识记）

19.【参考答案】C

【师探解析】1949年6月30日，毛泽东发表《论人民民主专政》一文，系统地阐明了中国共产党关于建立人民民主专政的新中国的主张：第一，人民民主专政的基础是工人阶级、农民阶级和城市小资产阶级的联盟。第二，在上述联盟中，主要是工人阶级和农民阶级的联盟，因为这两个阶级占了中国人口的80%~90%。第三，为建立新中国，必须利用一切于国计民生有利而不是有害的城乡资本主义因素，团结民族资产阶级。毛泽东指出：总结我们的经验，集中到一点，就是工人阶级（经过共产党）领导的以工农联盟为基础的人民民主专政。这个专政必须和国际革命力量团结一致。

【本题考点】《论人民民主专政》与中国共产党建国主张（简单运用）

20.【参考答案】D

新民主主义革命过程中形成和发展起来的新民主主义政治、经济、文化，都是由工人阶级领导的，因而都具有社会主义因素，如中国共产党的政治领导、社会主义国营经济的领导地位、马克思主义思想在文化领域中的指导地位等。

【本题考点】新民主主义社会的建立（识记）

21.【参考答案】C

【师探解析】中共中央在1952年底开始酝酿并于1953年正式提出党在过渡时期的总路线，明确规定："党在这个过渡时期的总路线和总任务，是要在一个相当长的时期内，逐步实现国家的社会主义工业化，并逐步实现国家对农业、对手工业和对资本主义工商业的社会主义改造。"

【本题考点】过渡时期总路线的内容（识记）

22.【参考答案】D

【师探解析】过渡时期总路线，这是一条"一化三改""一体两翼"的总路线，即社会主义建设同社会主义改造同时并举的总路线，体现了发展生产力和变革生产关系的有机统一。通俗的解释就是："好比一只鸟，它要有一个主体，这就是发展社会主义工业；它又要有一双翅膀，这就是对农业、手工业和私营工商业的社会主义改造。"这就是说：主要的任务是实现国家工业化；而为了实现国家工业化，就必须进行社会主义改造，全面确立社会主义的基本制度。

【本题考点】过渡时期总路线的内容（识记）

23.【参考答案】A

【师探解析】20世纪70年代末80年代初，邓小平提出了"一个国家、两种制度"的构想，即在一个中国的前提下，国家的主体坚持社会主义制度；香港、澳门、台湾是中华人民共和国不可分离的部分，它们作为特别行政区保持原有的资本主义制度长期不变。在国际上代表中国的，只能是中华人民共和国。

【本题考点】香港、澳门的回归（简单运用）

24.【参考答案】C

【师探解析】2002年11月8日至14日，中国共产党第十六次代表大会在北京召开。大会高度评价"三个代表"重要思想的历史地位和重要作用，把"三个代表"重要思想同马克思列宁主义、毛泽东思想、邓小平理论一道确立为中国共产党必须长期坚持的指导思想，并写入党章，实现了党的指导思想的又一次与时俱进。

【本题考点】中共十六大（识记）

25.【参考答案】B

【师探解析】中共十七大大会强调，要深入贯彻落实科学发展观，要求始终坚持"一个中心、两个基本点"的基本路线，坚持把以经济建设为中心同四项基本原则、改革开放这两个基本点统一于发展中国特色社会主义的伟大实践。大会通过关于《中国共产党章程（修正案）》的决议。大会一致同意将科学发展观写入党章。

【本题考点】中共十七大（识记）

二、简答题（本大题共5小题，每小题6分，共30分）

26.【参考答案】

◎简述中共十九大关于我国社会主要矛盾和基本国情的判断（6分）

（1）我国社会主要矛盾已经转化为人民日益增长的美好生活需要和不平衡不充分的发展之间的矛盾。我国社会主要矛盾的变化是关系全局的历史性变化，对党和国家工作提出许多新要求。（2分）

（2）大会强调，我国社会主要矛盾的变化，没有改变我们对我国社会主义所处历史阶段的判断，我国仍处于并将长期处于社会主义初级阶段的基本国情没有变，我国是世界最大发展中国家的国际地位没有变。（2分）

(3) 全党要牢牢把握社会主义初级阶段这个基本国情，牢牢立足社会主义初级阶段这个最大实际，牢牢坚持党的基本路线这个党和国家的生命线、人民的幸福线。（2分）

【本题考点】 中共十九大（识记）

27. **【参考答案】**

◎ 简述中国共产党在全民族抗战中的中流砥柱作用。（6分）

（1）中国共产党的中流砥柱作用是中国人民抗日战争胜利的关键。（1分）

（2）中国共产党自成立之日起就把实现中华民族伟大复兴作为自己的历史使命。（1分）

（3）中国共产党人以自己的政治主张、坚定意志、模范行动，支撑起全民族救亡图存的希望，引领着夺取战争胜利的正确方向，成为夺取战争胜利的民族先锋。（2分）

（4）在抗日战争时期，中国共产党坚持全面抗战路线，制定正确战略策略，开辟广大敌后战场，成为坚持抗战的中坚力量。（1分）

（5）始终坚持抗战、反对投降，坚持团结、反对分裂，坚持进步、反对倒退，同各爱国党派团体和广大人民一起，共同维护团结抗战大局。中国共产党成为抗日战争的中流砥柱。（1分）

【本题考点】 中国共产党及其领导的人民抗日力量是抗日战争的中流砥柱（综合运用）

28. **【参考答案】**

◎ 简述延安整风运动的目的、主要内容和意义。（6分）

（1）为了总结和吸取中国共产党历史上的经验教训，提高广大党员的思想理论水平，增强党的凝聚力和战斗力。（2分）

（2）延安整风运动的主要内容：反对主观主义以整顿学风、反对宗派主义以整顿党风、反对党八股以整顿文风。（2分）

（3）整风运动是一场伟大的思想解放运动，在全党范围确立起一切从实际出发、理论联系实际、实事求是的马克思主义思想路线。（2分）

【本题考点】 延安整风运动及其意义（综合运用）

29. **【参考答案】**

◎ 简述抗日战争胜利后的国际格局。（6分）

(1) 帝国主义势力受到削弱，人民民主力量明显增长。(2分)

(2) 逐步打破了以维持欧洲大国均势为中心的传统的国际政治格局，形成了美苏两极的政治格局。(2分)

(3) 战后不久，美国拟订了一个准备称霸世界的所谓"全球战略计划"。(2分)

【本题考点】抗日战争胜利后的国际格局（领会）

30. 【参考答案】

◎ 简述毛泽东发表的《论十大关系》一文提出的建设社会主义的基本方针及其意义。(6分)

(1) 基本方针：一定要努力把党内党外、国内国外的一切积极的因素，直接的、间接的积极因素，全部调动起来，把我国建设成为一个强大的社会主义国家。(2分)

(2) 意义：它是以毛泽东为主要代表的中国共产党人开始探索中国自己的社会主义建设道路的标志。(2分) 它在新的历史条件下从经济方面（这是主要的）和政治方面提出了新的指导方针，为中共八大的召开作了理论准备。(2分)

【本题考点】《论十大关系》及其提出的建设社会主义的基本方针（领会）

三、论述题（本大题共3小题，考生任选其中2题作答，每小题10分，共20分。如果考生回答的题目超过2题，只按考生回答题目的前2题计分）

31. 【参考答案】

◎ 试述毛泽东在《论持久战》一文中对中日双方存在着互相矛盾的四个特点的分析。(10分)

(1) 特点：敌强我弱，敌小我大，敌退步我进步，敌寡助我多助。(4分)

(2) 分析：

① 日本是强国，中国是弱国，强国弱国的对比，决定了抗日战争只能是持久战。(2分)

② 日本是小国，发动的是退步的、野蛮的侵略战争，在国际上失道寡助；而中国是大国，进行的是进步的、正义的反侵略战争，在国际上得道多助。(2分)

③ 中国已经有了代表中华民族和中国人民根本利益的、政治上成熟的共产党及其领导的人民军队和抗日根据地。(2分)

因此，最后胜利是属于中国的。

【本题考点】毛泽东《论持久战》的主要内容及其意义（综合运用）

32.【参考答案】
◎ 试述新中国成立初期争取财政经济状况根本好转的三个条件及国民经济迅速恢复的主要原因。(10分)

(1) 1950年6月，中国共产党召开七届三中全会，毛泽东作了《为争取国家财政经济状况的基本好转而斗争》的报告。报告指出，要获得国家财政经济情况的根本好转，要用三年左右的时间，创造三个条件，即土地改革的完成，现有工商业的调整，国家机构所需经费的大量节减。(4分)

(2) 国民经济迅速恢复的主要原因：

① 中共中央和人民政府紧紧抓住恢复和发展生产作为一切工作的中心，正确处理恢复国民经济同其他各项工作的关系。(2分)

② 从当时的国情出发，对国家财经实行集中和统一的管理，制定了"不要四面出击"等正确方针政策，妥善处理公私关系、劳资关系等各种社会关系。(2分)

③ 刚刚执政的中国共产党加强自身建设，保持和发扬党的优良传统和作风，及时有力地抵制了资产阶级的腐蚀。(2分)

【本题考点】争取国家财政经济状况基本好转的条件（简单运用）

33.【参考答案】
◎ 试述社会主义改造基本完成的意义。(10分)

(1) 随着社会主义改造的基本完成，中国继建立了社会主义基本政治制度以后，社会主义的基本经济制度也建立起来了，这是中国进入社会主义社会的最主要的标志。(4分)

(2) 社会主义改造是在生产关系方面由私有制到公有制的一场伟大的变革，这就使社会生产力从旧的生产关系的束缚中解放出来，对生产力的发展直接起到了促进作用。(3分)

(3) 通过社会主义改造，中国共产党创造性地完成了由新民主主义到社会主义的过渡，实现了中国历史上最伟大最深刻的社会变革，开始了在社会主义道路上实现中华民族伟大复兴的历史征程。(3分)

【本题考点】新民主主义革命的胜利，社会主义基本制度的建立，为当代中国一切发展进步奠定了根本政治前提和制度基础（综合运用）

"中国近现代史纲要"考前十套通关试卷（十）
参考答案与答案解析

一、单项选择题（本大题共 25 小题，每小题 2 分，共 50 分。在每小题列出的备选项中只有一项是最符合题目要求的，请将其选出）

第1题	第2题	第3题	第4题	第5题	第6题	第7题	第8题	第9题
A	B	A	A	C	D	B	A	D
第10题	第11题	第12题	第13题	第14题	第15题	第16题	第17题	第18题
A	B	C	D	A	C	A	C	C
第19题	第20题	第21题	第22题	第23题	第24题	第25题	—	—
A	C	B	B	B	A	D	—	—

1. 【参考答案】A

【师探解析】1894 年 11 月，日军占领旅顺后，连续 4 天屠杀中国居民约 2 万人，制造了骇人听闻的旅顺大屠杀惨案。

【本题考点】资本-帝国主义列强制造的屠杀中国居民的惨案（识记）

2. 【参考答案】B

【师探解析】1843 年，中英《五口通商章程：海关税则》将英商进出口货物的具体税率，用中英协定方式固定下来。1844 年中美《望厦条约》和中法《黄埔条约》进一步规定，倘中国以后要变更税则，必须得到对方"议允"，正式把协定关税的条款写入条约。中国逐步丧失了海关自主权。

【本题考点】资本-帝国主义列强对中国的经济掠夺（领会）

3. 【参考答案】A

【师探解析】1841 年 2 月，广东水师提督关天培战死虎门。1842 年 6 月，江南提督陈化成在吴淞西炮台以身殉国。7 月，副都统海龄（满族）在镇江战死疆场。在中日甲午战争中，致远舰管带邓世昌、经远舰管带林永升在黄海战斗中英勇牺牲，北洋舰队统帅丁汝昌、定远舰管带刘步蟾在威海卫以身殉国。

【本题考点】为国捐躯的清政府爱国将领（识记）

4.【参考答案】A

【师探解析】恭亲王奕䜣是清朝统治集团中倡导洋务的首领,他提出:"查治国之道,在乎自强,而审时度势,则自强以练兵为要,练兵又以制器为先。"

【本题考点】奕䜣与洋务派(识记)

5.【参考答案】C

【师探解析】20世纪初,资产阶级革命派著书立说,使民主革命思想迅速传播开来。陈天华的《警世钟》和《猛回头》,抨击了外国列强瓜分中国的罪恶图谋,揭露了清政府的卖国行径,号召人民推翻这个"洋人的朝廷"。

【本题考点】资产阶级革命派的阶级基础和骨干力量(领会)

6.【参考答案】D

【师探解析】1911年10月10日,武昌起义爆发。武昌起义掀起了辛亥革命的高潮,推翻了封建君主制度,创建了中华民国,是一次比较完全意义上的资产阶级革命。

【本题考点】武昌起义(识记)

7.【参考答案】B

【师探解析】袁世凯窃夺辛亥革命的果实之后,建立了代表大地主和买办资产阶级利益的北洋军阀政权,开始了北洋军阀统治中国的时期。在政治上,北洋军阀实行军阀官僚的专制统治,毁弃孙中山苦心缔结的资产阶级民主制度。1914年1月,他停止参议院、众议院两院议员的职务,遣散议员;5月,炮制《中华民国约法》,用总统制取代内阁制。北洋军阀为了巩固专制统治,不惜投靠帝国主义。

【本题考点】袁世凯与复辟帝制(识记)

8.【参考答案】A

【师探解析】1923年6月,中国共产党第三次全国代表大会在广州召开。中共三大正确制定了建立革命统一战线的方针政策,有力推动了第一次国共合作的形成。

【本题考点】中共三大(识记)

9.【参考答案】D

【师探解析】1927年7月14日,汪精卫在武汉召开"分共"会议;7月15日,正式宣布同共产党决裂,在其辖区内开始了对共产党员和革命群众的大屠杀。至此,第一次国共合作全面破裂,大革命最终失败。

【本题考点】国民革命的意义及失败的原因与教训(综合运用)

10.【参考答案】A

【师探解析】1935年12月9日,在中国共产党救亡图存、全民抗战的号召和中共北平临时工作委员会的领导下,北平学生举行声势浩大的抗日游行。学生们喊出"反对华北自治运动""打倒日本帝国主义""停止内战,一致对外"等口号,游行队伍遭到国民党军警镇压。12月16日,北平学生和市民1万多人在天桥召开市民大会,反对成立冀察政务委员会,并举行了更大规模的示威游行。在群众的压力下,冀察政务委员会被迫延期成立。这就是一二·九运动。一二·九运动打击了日本帝国主义侵略中国并吞并华北的计划,促进了中华民族的觉醒,标志着中国人民抗日救亡运动新高潮的到来。

【本题考点】一二·九运动及其意义(综合运用)

11.【参考答案】B

【师探解析】1941年当根据地面临严重的经济困难时,陕甘宁边区参议会副议长、党外人士李鼎铭提出"精兵简政"的提案,中共中央把"精兵简政"作为一项重要的工作,要求各根据地实行。

【本题考点】精兵简政(识记)

12.【参考答案】D

【师探解析】1946年6月23日,上海人民团体联合会派出请愿团,赴南京向国民党当局呼吁和平。请愿团到达南京下关车站时,遭到国民党当局指使的大批暴徒的围殴。团长马叙伦和代表雷洁琼等多人受伤。下关惨案进一步暴露了国民党当局坚持反人民内战的真面目。

【本题考点】下关惨案(识记)

13.【参考答案】D

【师探解析】1949年6月30日,毛泽东发表《论人民民主专政》一文,系统地阐明了中国共产党关于建立人民民主专政的新中国的主张:第一,人民民主专政的基础是工人阶级、农民阶级和城市小资产阶级的联盟。第二,在上述联盟中,主要是工人阶级和农民阶级的联盟。第三,为建立新中国,必须利用一切于国计民生有利而不是有害的城乡资本主义因素,团结民族资产阶级。毛泽东指出:总结我们的经验,集中到一点,就是工人阶级(经过共产党)领导的以工农联盟为基础的人民民主专政。这个专政必须和国际革命力量团结一致。

【本题考点】《论人民民主专政》与中国共产党建国主张（简单运用）

14.【参考答案】A

【师探解析】妇女解放是整个社会解放的标志，为了解放广大妇女和形成新的社会风尚，人民政府于1950年5月颁布《中华人民共和国婚姻法》，废除了包办婚姻、男尊女卑的封建婚姻制度，实行婚姻自由、一夫一妻、男女权利平等的新民主主义婚姻制度。

【本题考点】新中国成立初期的各项民主改革（简单运用）

15.【参考答案】C

【师探解析】解放战争后期，随着三大战役的展开，中国共产党首先从已经解放的东北地区城市开始大规模没收官僚资本。至1949年年底1950年年初，全国大陆地区的官僚资本企业都已由人民政府接管，归人民民主专政的人民共和国所有，成为社会主义性质的国营经济。

【本题考点】没收官僚资本（领会）

16.【参考答案】A

【师探解析】针对不法资本家行贿党政干部情况的严重发展，1951年年底到1952年春，中国共产党在党政机关工作人员中开展了反贪污、反浪费、反官僚主义的"三反"运动，处决了犯有严重贪污罪行的中共天津地委前任书记刘青山、现任书记张子善，处理了一批党政干部。

【本题考点】"三反"运动（识记）

17.【参考答案】C

【师探解析】1950年6月，中共七届三中全会召开。毛泽东作了《为争取国家财政经济状况的基本好转而斗争》的报告。中共七届三中全会是新中国成立初期中国共产党的一次最重要的会议。会议的决议为三年经济恢复时期党的工作规定了明确的策略路线和行动纲领。

【本题考点】争取国家财政经济状况基本好转的条件（简单运用）

18.【参考答案】C

【师探解析】1955年7月31日，毛泽东在省市自治区党委书记会议上作《关于农业合作化问题》的报告。报告对农业合作化运动的基本经验作了比较全面的总结，阐明了农业合作化的基本道路、基本方针、基本政策，并对农业合作化同机械化、社会改革同技术改革的关系作了比较全面的论述，是中共中央两个决议之后又一篇指导农业合作化的重要文献。

【本题考点】 对农业社会主义改造的基本原则和方针（综合运用）

19. **【参考答案】** A

【师探解析】 毛泽东先后在1956年4月25日中央政治局扩大会议和5月2日最高国务会议上作《论十大关系》的报告。报告在社会主义政治建设方面，提出共产党和其他民主党派要实行"长期共存，互相监督"的方针，在肃反中坚持"一个不杀、大部不捉"的方针。

【本题考点】《论十大关系》及其提出的建设社会主义的基本方针（领会）

20. **【参考答案】** C

【师探解析】 1976年9月9日，毛泽东逝世。江青反革命集团加紧进行夺取党和国家最高领导权的阴谋活动。10月6日晚，中共中央政治局执行党和人民的意志，毅然粉碎了江青反革命集团，结束了"文化大革命"。

【本题考点】"文化大革命"的结束（领会）

21. **【参考答案】** B

【师探解析】 邓小平在中共十届三中全会上发表重要讲话，重申要完整地、准确地理解毛泽东思想的科学体系，强调恢复实事求是思想路线的重要性。以后，他又在许多场合反复强调："实事求是，是毛泽东思想的出发点、根本点。"

【本题考点】 关于真理标准问题大讨论（简单运用）

22. **【参考答案】** B

【师探解析】 1978年5月11日，《光明日报》发表题为《实践是检验真理的唯一标准》的特邀评论员文章，在全国开始了关于真理标准问题的大讨论。关于真理标准问题的大讨论，是继延安整风之后又一场马克思主义思想解放运动，成为拨乱反正和改革开放的思想先导，为党重新确立实事求是的思想路线，纠正长期以来的"左"倾错误，实现历史性的转折作了思想理论准备。

【本题考点】 关于真理标准问题大讨论（简单运用）

23. **【参考答案】** B

【师探解析】 2007年10月15日，胡锦涛在党的十七大报告中，全面论述了科学发展观的科学内涵和精神实质。科学发展观，第一要义是发展，核心是以人为本，基本要求是全面协调可持续，根本方法是统筹兼顾。

【本题考点】科学发展观的提出及其意义（综合运用）

24.【参考答案】A

【师探解析】2013年3月，习近平在十二届全国人大一次会议上进一步强调，实现中华民族伟大复兴的中国梦，就是要实现国家富强、民族振兴、人民幸福。实现中国梦必须走中国道路，即中国特色社会主义道路；实现中国梦必须弘扬中国精神；实现中国梦必须凝聚中国力量。

【本题考点】实现中华民族伟大复兴的中国梦（简单运用）

25.【参考答案】D

【师探解析】2013年11月，中共十八届三中全会审议通过《中共中央关于全面深化改革若干重大问题的决定》，勾画了到2020年全面深化改革的时间表、路线图。全会强调，全面深化改革的总目标是"完善和发展中国特色社会主义制度，推进国家治理体系和治理能力现代化"；要求到2020年，在重要领域和关键环节改革上取得决定性成果。

【本题考点】全面深化改革总目标（领会）

二、简答题（本大题共5小题，每小题6分，共30分）

26.【参考答案】

◎ 简述近代中国工人阶级的产生及其特点。(6分)。

（1）产生：

① 近代中国诞生的被压迫阶级是工人阶级。鸦片战争后，外国资本在广州、上海等地经营近代工商业，其中产生了中国最早的一批产业工人。（1分）

② 19世纪60年代以后，在洋务企业中，又产生了一批产业工人。（1分）

③ 70年代以后，在中国民族资本主义企业中，产业工人队伍又一次得以扩充。（1分）。

（2）特点：

① 它深受帝国主义、封建势力和资产阶级三重压迫和剥削，劳动条件差，劳动时间长，工资待遇低，又毫无政治权利，其革命性最强。（1分）

② 它人数虽少，但相对集中，从地区上讲主要集中于上海、广州、武汉、天津等大城市，从行业上讲主要集中于纺织、面粉、采矿、铁路等行业，便于形成革命的力量和传播先进的思想。（1分）

③ 它主要是由破产农民和家庭手工业者转化而来的，同农民有着天然的联

系，便于结成工农联盟。（1分）

因此，中国工人阶级是近代中国社会中最先进、最革命、最有力量的阶级。

【本题考点】 近代中国工人阶级的形成及其特点（简单运用）

27. **【参考答案】**

◎ 简述洋务运动的历史作用。（6分）

（1）在客观上促进了中国早期工业和民族资本主义的发展。（2分）

（2）成为中国近代教育的开端。（2分）

（3）传播了新知识，打开了人们的眼界。（1分）

（4）引起了社会风气和价值观念的变化。（1分）

【本题考点】 洋务运动的历史作用（综合运用）

28. **【参考答案】**

◎ 简述中国早期马克思主义信仰者的三种类型及其代表人物。（6分）

（1）五四运动前的新文化运动的精神领袖，其代表是李大钊、陈独秀。（2分）

（2）五四运动中的左翼骨干，其代表是毛泽东、杨匏安、蔡和森、周恩来等。（2分）

（3）一部分原中国同盟会会员、辛亥革命时期的活动家，其代表是董必武、吴玉章、林伯渠等。（2分）

【本题考点】 早期马克思主义思想运动的历史特点（领会）

29. **【参考答案】**

◎ 简述三湾改编的主要内容。（6分）

（1）将原有的一个师缩编为一个团。（1分）

（2）在部队中建立共产党各级组织，将党的支部建在连上。（3分）

（3）成立各级士兵委员会，部队内部实行民主管理。（2分）

【本题考点】 以毛泽东为代表的中国共产党人对革命新道路的艰辛探索（综合运用）

30. **【参考答案】**

◎ 简述20世纪20年代后期和30年代前期，中共党内屡次出现"左"倾错误的主要原因。（6分）

（1）八七会议以后，党内一直存在着的浓厚的近乎拼命的冲动，始终未能从指导思想上得到认真的清理。（2分）

(2) 全党的马克思主义理论准备不足，理论素养还不高，实践经验也很缺乏。(2分)

(3) 共产国际的干预及对王明的全力支持，更使许多人失去了识别和抵制能力。(2分)

【本题考点】20世纪二三十年代中国共产党内连续出现"左"倾错误的原因（领会）

三、论述题（本大题共3小题，考生任选其中2题作答，每小题10分，共20分。如果考生回答的题目超过2题，只按考生回答题目的前2题计分）

31. 【参考答案】

◎ 试述中国人民抗日战争在世界反法西斯战争中的地位。(10分)

(1) 中国人民抗日战争是世界反法西斯战争的东方主战场。中国人民抗日战争开始最早，持续时间最长。中国战场长期牵制和抗击了日本军国主义的主要兵力，中国抗战对日本侵略者的彻底覆灭起到了决定性作用。(3分)

(2) 中国人民的持久抗战，遏制了日本的"北进"计划，迟滞了日本的"南进"步伐，大大减轻了其他战场的压力，为盟军完成战略转折和实施战略反攻创造了有利条件。(3分)

(3) 中国作为亚太地区盟军对日作战的重要后方基地，为盟国提供了大量战略物资和军事情报。中国军队出国作战，不仅打击了日军，还对盟军给予了实际支援。(3分)

中国人民为战胜法西斯、维护世界的和平付出了巨大的牺牲、作出了伟大的贡献。(1分)

【本题考点】中国人民抗日战争在世界反法西斯战争中的地位（综合运用）

32. 【参考答案】

◎ 试述毛泽东关于正确区分社会主义社会两类不同性质矛盾学说的主要内容及其意义。(10分)

1957年，毛泽东在《关于正确处理人民内部矛盾的问题》一文中提出，社会主义社会存在着敌我之间和人民内部两类性质根本不同的矛盾。(3分)前者需要用强制的、专政的方法去解决，后者只能用民主的、说服教育的、"团结—批评—团结"的方法去解决。(3分)这一文章创造性地阐述了社会主义社会矛盾学说，是对科学社会主义理论的重要发展，进一步丰富和发展了中共八大路

线，对中国社会主义事业具有长远的指导意义。(4分)

【本题考点】毛泽东关于正确区分两类社会矛盾以及正确处理人民内部矛盾的思想及其意义（综合运用）

32.【参考答案】

◎ 试述习近平新时代中国特色社会主义思想。(10分)

2017年10月18日至24日，中国共产党第十九次全国代表大会在北京举行。大会强调，坚持和发展中国特色社会主义，是习近平新时代中共特色社会主义的核心要义。(2分)大会提出了"明确坚持和发展中国特色社会主义，总任务是实现社会主义现代化和中华民族伟大复兴；(2分)在全面建成小康社会的基础上，分两步走，在21世纪中叶建成富强民主文明和谐美丽的社会主义现代化强国"等"八个明确"，这是支撑习近平新时代中国特色社会主义思想的四梁八柱；(2分)大会提出了新时代坚持和发展中国特色社会主义的基本方略，即"坚持党对一切工作的领导"等"十四个坚持"，这是实现总任务的"路线图"和"方法论"。(2分)"八个明确"和"十四个坚持"有机融合、有机统一，是习近平新时代中国特色社会主义思想的核心内容。(2分)

【本题考点】习近平新时代中国特色社会主义思想的核心内容（综合运用）

"中国近现代史纲要" 斩题精华

蔡红亮　主编
师探文化传媒　组编

苏州大学出版社
Soochow University Press

目 录

第一章　反对外国侵略的斗争　/　1

第二章　对国家出路的早期探索　/　6

第三章　辛亥革命　/　11

第四章　开天辟地的大事变　/　15

第五章　中国革命的新道路　/　19

第六章　中华民族的抗日战争　/　23

第七章　为创建新中国而奋斗　/　29

第八章　社会主义基本制度的全面确立　/　34

第九章　社会主义建设在探索中曲折发展　/　40

第十章　中国特色社会主义的开创与接续发展　/　43

第十一章　中国特色社会主义进入新时代　/　47

第一章 反对外国侵略的斗争

(一) 鸦片战争前的中国和世界

考点1：中国封建社会的主要矛盾（识记）

[单选] 鸦片战争前，中国封建社会的主要矛盾是<u>地主阶级和农民阶级的矛盾</u>。

考点2：中国封建社会的基本特点（领会）

[单选] 鸦片战争前，中国的社会性质是<u>封建社会</u>。

[简答] ◎简述中国封建社会的基本特点。

(1) 在经济上，封建土地所有制占主导地位。
(2) 在政治上，实行高度中央集权的封建君主专制制度。
(3) 在文化上，以儒家思想为核心。
(4) 在社会结构上，形成族权和政权相结合的封建宗法等级制度。

考点3：中国封建社会由盛转衰的主要表现（简单运用）

[单选] 清王朝由强盛转向衰弱是在<u>乾隆朝后期</u>。

考点4：资本主义制度在欧美主要国家的确立及殖民扩张对中国的威胁（综合运用）

[单选] 19世纪初，向中国大肆走私鸦片的主要国家是<u>英国</u>。

(二) 资本-帝国主义对中国的侵略及近代中国社会的演变

考点5：资本-帝国主义列强发动的侵华战争及迫使清政府签订的一系列不平等条约（识记）

[单选] 资本-帝国主义列强对中国的侵略，首先和最主要的是<u>军事侵略</u>。

[单选] 第一次鸦片战争后，清政府与美国签订的不平等条约是<u>《望厦条约》</u>。

[单选] 1858年，英国和法国迫使清政府签订的不平等条约是<u>《天津条约》</u>。（分别与英、法、美、俄签订）

[单选] 1860年，<u>英法联军攻占北京</u>，放火烧毁了圆明园。

[**单选**] 1895 年，日本迫使清政府签订的不平等条约是<u>《马关条约》</u>。将中国领土台湾割让给日本的不平等条约是<u>《马关条约》</u>。

考点 6：资本-帝国主义列强制造的屠杀中国居民的惨案（识记）

[**单选**] 1894 年 11 月，日本占领旅顺，制造了骇人听闻的<u>旅顺大屠杀</u>。

[**单选**] 1900 年，俄国入侵东北，制造了<u>江东六十四屯惨案</u>。

考点 7：近代中国半殖民地半封建社会的特点（识记）

[**单选**] 近代中国社会的性质是<u>半殖民地半封建社会</u>。

[**论述**] ◎试述近代中国半殖民地半封建社会的特点。

（1）资本-帝国主义不但逐步操纵了中国的财政和经济命脉，而且逐步控制了中国的政治，日益成为支配中国的决定性力量。

（2）中国的封建势力同外国侵略势力相勾结，成为外国列强压迫、奴役中国人民的社会基础和统治支柱。

（3）中国自然经济的基础虽然遭到破坏，但是封建地主的土地所有制依然存在。

（4）中国资本主义有所发展，但没有成为中国社会经济的主体。

（5）近代中国各地区经济、政治和文化发展极不平衡。

（6）中国的广大人民过着饥寒交迫和毫无政治权利的生活。

考点 8：资本-帝国主义列强对中国的经济掠夺（领会）

[**单选**] 外国列强对中国进行资本输出最早出现在<u>第二次鸦片战争之后</u>。

[**单选**] 基督教在中国设立的最大出版机构广学会发行的报刊是<u>《万国公报》</u>。

考点 9：近代中国资产阶级的产生及其两部分（简单运用）

[**简答**] ◎简述近代中国民族资产阶级的两面性。

民族资产阶级在其生存和发展过程中，一方面受到外国资本主义和本国封建主义的压迫，在一定条件下可以参加反帝反封建的革命或在斗争中保持中立；另一方面因其力量薄弱，又与外国资本主义和本国封建主义有着千丝万缕的联系，在斗争中缺乏彻底的革命性。中国民族资产阶级的两重特点和双重性格，决定它不可能引导中国的民主革命走向胜利。

考点 10：近代中国工人阶级的形成及其特点（简单运用）

[**简答**] ◎简述近代中国工人阶级的特点。

（1）它深受帝国主义、封建势力和资产阶级三重压迫和剥削，劳动条件差，劳动时间长，工资待遇低，又毫无政治权利，其革命性最强。

（2）它人数虽少，但相对集中，从地区上讲主要集中于上海、广州、武汉、天津等大城市，从行业上讲主要集中于纺织、面粉、采矿、铁路等行业，便于形成革命的力量和传播先进的思想。

（3）它主要是由破产农民和家庭手工业者转化而来，同农民有着天然的联系，便于结成工农联盟。

因此，中国工人阶级是近代中国社会中最先进、最革命、最有力量的阶级。

考点 11：半殖民地半封建社会的两对主要矛盾及其关系（综合运用）

[**单选**] 近代中国半殖民地半封建社会最主要矛盾是<u>帝国主义和中华民族的矛盾</u>。

[**简述**] ◎简述近代中国社会的主要矛盾及其影响。

（1）矛盾：在半殖民地半封建的中国，帝国主义与中华民族的矛盾、封建主义与人民大众的矛盾是两对主要矛盾，而帝国主义与中华民族的矛盾，乃是各种矛盾中最主要的矛盾。这两对主要矛盾相互交织在一起，贯穿了整个半殖民地半封建社会的始终，并对中国社会的发展变化起着决定性作用。

（2）影响：近代中国的民族民主革命，就是在这些主要矛盾及其激化的基础上发生和发展起来的。中国人民近百年不屈不挠的英勇斗争，就是为了解决中国社会的主要矛盾，推动中国社会前进。从此中国进入旧民主主义革命时期，中国人民肩负着反帝反封建的双重任务。

[**论述**] ◎试述中国半殖民地半封建的主要矛盾及其相互关系。

（1）两对主要矛盾：

帝国主义和中华民族之间的矛盾，这也是最主要的矛盾；封建主义和人民大众的矛盾。

（2）相互关系：

①当外国列强向中国发动侵略战争时，为避免亡国灭种的危险，中国内部各阶级，除了汉奸、卖国贼外，能够暂时团结起来共同对敌，阶级矛

盾降到次要地位，而民族矛盾上升到主要地位。

② 当外国侵略者同中国封建政权相勾结，共同镇压中国革命，尤其是封建地主阶级对人民的压迫特别残酷时，中国人民往往用战争的形式反对封建政权，这时阶级矛盾就上升为主要矛盾。

③ 当国内战争发展到直接威胁帝国主义在华利益及中国封建地主阶级统治时，外国列强甚至直接出兵，镇压中国人民，援助中国反动派，这时外国列强和国内封建主义完全公开站在一条战线上。

考点 12：实现中华民族伟大复兴，是中华民族近代以来最伟大的梦想（综合运用）

[简述] ◎简述近代以来中华民族面临的历史任务及其联系。

（1）历史任务：一是求得民族独立和人民解放；二是实现国家繁荣富强和人民共同富裕。

（2）联系：只有完成第一大任务，才能为第二大任务的完成创造条件。

一方面，争取民族独立和人民解放是实现国家繁荣富强和人民共同富裕的前提条件。只有实现民族独立和人民解放，才能废除列强同中国签订的一切不平等条约，才能推翻封建专制制度，改变买办的和封建的生产关系，解放生产力，开辟走向现代化的道路。

另一方面，争取民族独立和人民解放的最终目的是使中国走向现代化，实现国家繁荣富强和人民的共同富裕，使中华民族自立于世界民族之林。

（记忆技巧：两大历史任务，一是二的前提，二是一的最终目标）

（三）抵御外来侵略争取民族独立的战争

考点 13：三元里人民的抗英斗争（识记）

[单] 中国近代历史上中国人民第一次大规模反侵略的武装斗争是<u>三元里人民的抗英斗争（1841 年）</u>。

考点 14：林则徐、魏源与睁眼看世界（识记）

[单] 近代中国睁眼看世界的第一人是<u>林则徐</u>。

[单] 1843 年，魏源在《海国图志》中提出的思想主张是<u>师夷长技以制夷</u>。

考点 15：严复与"救亡"口号（识记）

[单] 1898 年，严复翻译出版的《天演论》所宣传的思想是<u>物竞天择、适者生存</u>。

考点16:19世纪末帝国主义列强瓜分中国的图谋及其失败的原因(领会)

[单选] 在19世纪末西方列强瓜分中国的狂潮中,提出"门户开放"政策的国家是美国。

[论述] ◎试述19世纪末帝国主义列强瓜分中国的图谋未能实现的主要原因。

(1) 重要原因:帝国主义列强之间的矛盾和相互制约。瓜分中国,变中国为自己的殖民地是外国列强的共同图谋,但是彼此之间又有许多矛盾、冲突,甚至可能爆发战争。因此,列强经过协商,暂缓瓜分中国,保全清政府,以使其成为统治中国的工具,实行"以华制华"。

(2) 最根本原因:中国人民进行了不屈不挠的反侵略斗争。在义和团反帝爱国运动期间,中国人民以其不畏强暴,敢与敌人血战到底的气概,打击了侵略者,使其不敢为所欲为地瓜分中国。这一点连侵略者也承认。

考点17:近代中国人民反侵略斗争失败的原因(简单运用)

[单选] 1840年至1919年(旧民主主义革命时期),中国反侵略斗争失败的最根本原因是社会制度的腐败。

[简答] ◎简述旧民主主义革命时期中国反侵略斗争失败的原因。

(1) 自1840年至1919年,中国人民为反对外来侵略进行了英勇斗争,但都失败了,究其原因:一是社会制度的腐败,二是经济技术的落后,而前者是最根本的原因。

(2) 社会制度的腐败。腐朽的清王朝统治者为了自身的私利,不惜出卖国家和民族的利益,总是把防止人民的反抗放在首位,担心人民群众动员起来以后危及自身的统治,宣扬"防民甚于防寇",压制、破坏人民群众和爱国官兵的反侵略斗争,导致反侵略失败。

(3) 经济技术的落后是近代中国人民反侵略战争失败的重要原因。进入近代以后,西方资本主义强国经过工业革命,经济和技术飞速发展,而中国经济技术落后的局面没有改变,经济总量较小,工业技术落后,洋务运动和民族资本主义经济的发展没有改变这种局面,必然导致被动挨打。经济技术的落后,又使中国在武器装备、军队素质、综合实力等方面远远落后于西方列强。

考点18:第一次鸦片战争至辛亥革命前夕,先进中国人民族意识的觉醒(综合运用)

[单选] 喊出了"振兴中华"这个时代的最强音的是孙中山。

第二章　对国家出路的早期探索

（一）农民群众斗争风暴的起落

考点19：洪秀全与金田起义（识记）

[单选] 太平天国农民起义爆发的时间是<u>1851年</u>。（领导：洪秀全。地点：广西金田村）

考点20：天京事变（识记）

[单选] 太平天国由盛到衰的转折点是<u>天京事变</u>。

考点21：《天朝田亩制度》与《资政新篇》的性质和主要内容（领会）

[单选] 1853年，太平天国定都天京后颁布的纲领性文件是<u>《天朝田亩制度》</u>。

[单选] 太平天国后期颁布的具有资本主义色彩的社会发展方案是<u>《资政新篇》</u>。（提出人："干王"洪仁玕）

[简答] ◎简述《资政新篇》中关于政治和经济方面的主要内容。

（1）政治方面，主张"禁朋党之弊"，加强中央集权，制定法律、制度；设"暗柜"，用以监督官员，改革弊政。

（2）经济方面，主张发展近代工矿、交通、邮政、金融等事业；吸取外国科学技术，奖励科技发明和机器制造；提出"准富者请人雇工"，即提倡资本主义的雇佣劳动制。

[简答] ◎简述太平天国定都天京后颁布的两个社会改革方案及其特点。

（1）1853年冬，颁布《天朝田亩制度》，这是一个以解决土地问题为中心的比较完整的社会改革方案，代表了农民要求平均分配土地的强烈愿望，反映了农民反对封建土地所有制的普遍要求。

（2）太平天国后期，洪仁玕提出《资政新篇》，作为统筹全局的建议。这是一个带有鲜明资本主义色彩的社会发展方案，但通篇未涉及农民问题和土地问题。

考点22：太平天国失败的原因和教训（简单运用）

[**单选**] 太平天国失败的根本原因是<u>缺乏先进阶级的领导</u>。

考点23：太平天国的历史意义（综合运用）

[**论述**] ◎试述太平天国农民战争的历史意义。

（1）它沉重打击了封建统治阶级，强烈撼动了清政府的统治根基。太平天国起义坚持了14年之久，革命的势力先后扩展到18个省，其规模大，时间长，影响深，加速了清王朝的衰败过程。

（2）它是中国旧式农民战争的最高峰，具有不同于以往农民战争的新的历史特点。太平天国的《天朝田亩制度》，比较完整地表达了千百年来农民对拥有土地的渴望。《资政新篇》是中国近代史上第一个比较系统的发展资本主义的方案。

（3）冲击了孔子和儒家经典的正统权威，在一定程度上削弱了封建统治的精神支柱。

（4）太平天国农民战争还有力地打击了外国侵略势力。太平天国的领袖们拒绝不平等条约，严禁鸦片贸易，与外国军队进行了英勇斗争。

（5）在19世纪中叶的亚洲民族解放运动中，太平天国起义是其中时间最久、规模最大、影响最深的一次。它和亚洲其他国家的民族解放运动汇合在一起，冲击了西方殖民主义在亚洲的统治。

（二）地主阶级统治集团"自救"活动的兴衰

考点24：奕䜣与洋务派（识记）

[**单选**] 19世纪60—90年代，洋务派兴办洋务事业的指导思想是"<u>中学为体，西学为用</u>"。

考点25：总理各国事务衙门（识记）

[**单选**] 1861年，清政府设立的综理洋务的中央机关是<u>总理各国事务衙门</u>。

考点26：洋务派举办的洋务事业（领会）

[**单选**] 洋务派最早从事的洋务事业是<u>兴办军用工业</u>。

[**单选**] 19世纪60年代，清朝统治集团中倡导洋务的首领人物是<u>奕䜣</u>。

[**单选**] 近代中国派遣第一批留学生是在<u>洋务运动时期</u>。

[**单选**] 洋务派创办的第一个规模较大的近代军事工业是<u>江南制造

总局。

[单选] 洋务运动时期最早创办的翻译学堂是<u>京师同文馆</u>。（创办人：恭亲王奕䜣）

[单选] 到 19 世纪 90 年代，洋务派建成的新式海军中的主力是<u>北洋水师</u>。（管辖人：李鸿章）

[简答] ◎简述洋务运动的指导思想和洋务派举办的洋务事业。

（1）指导思想：冯桂芬对兴办洋务事业的指导思想最先作出比较完整的表述，即以中国之伦常名教为原本，辅以诸国富强之术。这个思想后来被进一步概括为"中学为体，西学为用"。

（2）洋务事业：

① 兴办近代企业。

② 建立新式海陆军。

③ 创办新式学堂、派遣留学生。

考点 27：洋务运动的历史作用（综合运用）

[简答] ◎简述洋务运动的历史作用。

（1）在客观上促进了中国早期工业和民族资本主义的发展。

（2）成为中国近代教育的开端。

（3）传播了新知识，打开了人们的眼界。

（4）引起了社会风气和价值观念的变化。

（三）维新运动的进行和夭折

考点 28：康有为、梁启超与维新派（识记）

[单选] 戊戌维新运动发生在<u>中日甲午战争后</u>。

考点 29：维新派宣传变法维新主张的活动（领会）

[单选] 19 世纪 90 年代，梁启超宣传变法维新主张的著作是<u>《变法通议》</u>。

[单选] 戊戌维新时期，维新派在上海创办的影响较大的报刊是梁启超主笔的<u>《时务报》</u>。

[单选] 戊戌维新时期，谭嗣同撰写的宣传变法主张的著作是<u>《仁学》</u>。

[简答] ◎简述资产阶级维新派宣传维新变法的主要活动。

（1）向皇帝上书。

（2）著书立说。

（3）介绍外国的变法。

（4）办学会、办报纸、设学堂。

维新派以各种方式宣传变法主张，培养骨干力量，制造社会舆论，重点则放在争取光绪皇帝及其周围的帝党官员的支持上，希望通过他们自上而下地实行变法。

考点30：维新派与守旧派的论战（领会）

[**单选**] 在中国近代史上，资产阶级思想与封建主义思想的第一次正面交锋是维新派与守旧派的论战。

[**简答**] ◎简述19世纪末维新派和守旧派论战的主要问题及其意义。

（1）内容：

① 要不要变法。

② 要不要兴民权、设议院，实行君主立宪。

③ 要不要废八股、改科举和兴学堂。

（2）意义：比较集中地反映了近代中国在文化思想领域中学和西学、新学和旧学之争，进一步开阔了新型知识分子的眼界，为维新变法的运动作了思想舆论的准备。

考点31：戊戌维新运动失败的原因和教训（简单运用）

[**简答**] ◎简述资产阶级维新派自身弱点和局限的主要表现。

（1）不敢否定封建主义。

（2）对帝国主义抱有幻想。

（3）脱离人民群众。

考点32：戊戌维新运动的历史意义和影响（综合运用）

[**论述**] ◎试述戊戌维新变法的历史意义。

（1）戊戌维新运动是一次爱国救亡运动。维新派在瓜分危机迫在眉睫的关头挺身而出，掀起了变法图存、维护民族独立和发展资本主义的救国运动，反映了时代的要求。

（2）戊戌维新运动是一场资产阶级性质的政治改革运动。维新派冲破了洋务派"中体西用"思想的局限，鼓吹民权，提倡设议院，主张用君主立宪制来取代君主专制制度，在一定程度上冲击了封建专制制度。

（3）戊戌维新运动是一场思想启蒙运动。维新派大力传播西方的社会政治学说，宣传天赋人权、自由平等、社会进化等观念，批判封建君权和封建纲常伦理，有利于民主主义思想在中国的传播。在维新派的推动下，形成广泛的文化革新运动,并对近代教育发展起了积极作用。

(4)戊戌维新运动在改革社会风气方面也有着不可低估的意义。维新派主张革除吸食鸦片及妇女缠足等陋习,主张"剪辫易服",倡导讲文明、重卫生、反跪拜等。

第三章 辛亥革命

（一）举起近代民族民主革命的旗帜

考点33：孙中山与兴中会的建立（识记）

[单选] 1894年，孙中山在檀香山建立的资产阶级革命组织是兴中会。（中国第一个资产阶级革命组织）

[简答] ◎简述兴中会的成立及其誓词。

（1）成立：1894年，孙中山北上京津向李鸿章上书，尝试采取和平的手段来推进中国变革与进步，但并未受到重视，孙中山在北上过程中发现清政府比他原先了解的还要腐败，从此放弃改良主张，走上了资产阶级民主革命之路。同年，在檀香山组织了中国第一个资产阶级革命政党组织——兴中会。

（2）誓词：驱除鞑虏，恢复中华，创立合众政府。

考点34：中国同盟会（识记）

[单选] 1905中国历史上第一个全国性的资产阶级革命政党是中国同盟会。

考点35：清末"新政"及其破产（领会）

[单选] 1904年至1905年，为争夺在华利益而在中国东北进行战争的帝国主义国家是日本与俄国。

考点36：资产阶级革命派的阶级基础和骨干力量（领会）

[单选] 20世纪初，邹容发表的号召人民推翻清朝统治、建立"中华共和国"的著作是《革命军》。

20世纪初，邹容发表的宣传民主革命思想的著作是《革命军》。

[简答] ◎简述辛亥革命时期中国资产阶级革命派的阶级基础和骨干力量。

中国资产阶级民主革命是由孙中山为首的资产阶级革命派首先发动的，其阶级基础是中国民族资产阶级；

资产阶级革命派的骨干力量是一批资产阶级、小资产阶级知识分子。

考点37：三民主义学说的基本内容（简单运用）

[**论述**] ◎试述孙中山三民主义学说的内容及其意义。

1905年11月，孙中山在《民报》发刊词中，将中国同盟会纲领概括为民族、民权、民生三大主义，后被称为三民主义。

三民主义学说的内容：

（1）民族主义：包括"驱除鞑虏，恢复中华"两项内容。一是以革命手段推翻清王朝，改变它一贯推行的民族歧视和压迫政策；二是变"次殖民地"的中国为独立的中国。

（2）民权主义：其内容是"创立民国"，即推翻封建君主专制制度，建立资产阶级的民主共和国。这就是孙中山所说的政治革命。

（3）民生主义：内容为"平均地权"，也就是孙中山所说的社会革命。孙中山主张在革命胜利后，所有的土地所有者均要向国家申报自己的土地数目，由国家核定地价，按地征税，土地价格上涨后，收入增加部分应当归国家所有，为国民共享。

意义：孙中山的三民主义学说，是一个比较完备的民主主义的革命纲领，产生了积极影响，推动了革命思想的传播和革命运动的发展。

考点38：革命派与改良派的论战及其意义（综合运用）

[**单选**] 1905年至1907年，资产阶级革命派与改良派论战的焦点是<u>要不要以革命手段推翻清政府</u>。

[**单选**] 20世纪初，在资产阶级民主革命思想传播中发表《驳康有为论革命书》的是<u>章炳麟</u>。

[**简答**] ◎简述资产阶级革命派与改良派论战的焦点及革命派在这一问题上的主张。

（1）要不要以革命手段推翻清政府。这是论战的焦点。

（2）革命派控诉清政府卖国媚外的罪行，强调救国必先推翻清王朝；认为革命不免流血，但可"救世救人"，是治疗社会的捷径；革命就是为了建设，破坏与建设是革命的两个方面。

（3）革命派还反驳了改良派提出的革命会招致天下大乱和帝国主义干涉之谬论。

[**论述**] ◎试述资产阶级革命派与改良派论战的主要内容及其意义。

1905年至1907年，以孙中山为代表的革命派与以康有为为代表的改良派,分别以《民报》和《新民丛报》为主要舆论阵地展开论战。

（1）论战的主要内容：

① 要不要以革命手段推翻清政府。这是论战的焦点。

② 要不要推翻帝制,实行共和。

③ 要不要社会革命。

（2）论战的意义：

① 划清了革命与改良的界限,使人们清楚地认识到实行民主革命的必要性,从而加入革命的行列。

② 使资产阶级民主思想和三民主义思想得到了更加广泛的传播,为推翻清朝统治的革命斗争奠定了思想基础。

（二）辛亥革命的胜利与失败

考点39：保路风潮（识记）

[单选] 1911年4月,资产阶级革命派在黄兴带领下举行的起义是<u>广州起义</u>。（黄花岗起义）

[单选] 1911年夏,湖北、湖南、广东和四川爆发的民众运动是<u>保路运动</u>。

[单选] 在1911年爆发的保路运动中,规模最大、斗争最激烈的省份是<u>四川</u>。

考点40：《中华民国临时约法》（识记）

[单选] 中国历史上第一部具有资产阶级共和国宪法性质的法典是<u>《中华民国临时约法》</u>。

考点41：中华民国南京临时政府的性质（领会）

[简答] ◎简述1912年建立的中华民国临时政府的性质。

（1）南京临时政府是一个资产阶级共和国性质的革命政权。

（2）从人员构成上看,资产阶级革命派控制着这个政权。除孙中山作为临时大总统拥有统治全国和统率海、陆军之权外,陆军、外交等重要部门的总长和所有部门的次长全由革命党人担任。在作为国家立法机关的临时参议院中,中国同盟会会员也占多数。

（3）从政策措施上看,集中体现了中国民族资产阶级的愿望和利益,也在一定程度上符合广大中国人民的利益。如：

① 扫除种种封建弊端,保护人权。

② 鼓励发展资本主义工商业，提倡兴办工厂、矿山、银行、垦殖事业等。

③ 宣布禁止刑讯，保护华侨、禁止贩卖华工，禁止买卖人口、废除奴婢，禁止种植和吸食鸦片等。

④ 宣布改革文化教育制度，否定忠君尊孔教育，废止小学读经，禁用清政府学部颁行的各种教科书等。

[简答] ◎简述1912年建立的南京临时政府是一个资产阶级共和国性质的革命政权。

（1）在人员构成上，资产阶级革命派控制着政权。

（2）其实行的各项政策措施，集中体现了中国民族资产阶级的愿望和利益。

（3）临时参议院颁布的《中华民国临时约法》，是中国历史上第一部具有资产阶级共和国宪法性质的法典。

考点42：北洋军阀的统治及孙中山反对北洋军阀的斗争（简单运用）

[单选] 为反对袁世凯刺杀宋教仁和"善后大借款"（独裁和卖国行径），孙中山在1913年领导革命党人发动了"二次革命"。

[简答] ◎简述辛亥革命失败后孙中山为捍卫民族资产阶级革命成果所进行的斗争。

◎简述以孙中山为首的资产阶反对北洋军阀统治的主要斗争。

（1）发动"二次革命"（"赣宁之役"）。

（2）组织中华革命党。

（3）发动护国战争。为反对袁世凯称帝，1915年12月25日，蔡锷宣布云南独立，护国运动爆发。

（4）发动第一次护法运动。

（5）发动第二次护法运动。

第四章 开天辟地的大事变

（一）新文化运动与五四运动

考点 43：陈独秀与新文化运动的兴起（识记）

[单选] 1915 年在上海创办《青年杂志》的是<u>陈独秀</u>。

[单选] 新文化运动倡导的是<u>资产阶级的民主主义</u>。

[单选] 新文化运动的第一篇白话文小说是 1918 年 5 月鲁迅发表的<u>《狂人日记》</u>。

考点 44：俄国十月革命对中国革命的影响（领会）

[单选] 在俄国十月革命影响下，率先在中国举起马克思主义旗帜的是<u>李大钊</u>。

[论述] ◎试述俄国十月革命对中国革命的影响。

十月革命推动中国的先进分子从资产阶级民主主义转向社会主义。

（1）给予中国先进分子一个启示，即经济文化落后的国家也可以用社会主义思想指引自己走向解放之路。

（2）十月革命后，苏维埃俄国号召反对帝国主义，以新的平等姿态对待中国，推动了社会主义思想在中国的传播。

（3）十月革命中工人和士兵的广泛发动并由此赢得胜利的事实，昭示中国先进分子以新的方法开展革命。

（4）十月革命后，中国思想界产生了一批赞成十月革命、具有初步共产主义思想的知识分子。

考点 45：五四运动爆发的社会历史条件（领会）

[单选] 五四运动爆发的直接导火线是<u>巴黎和会上中国外交的失败</u>。

考点 46：新民主主义革命的开端，五四运动的历史意义（综合运用）

[单选] 标志着中国新民主主义革命开端的运动是<u>五四运动</u>。

[单选] 中国近代史上第一次彻底反帝反封建的革命运动是<u>五四运动</u>。

[论述] ◎试述五四运动的历史特点和历史意义。

（1）五四运动是中国近代史上一次彻底反帝反封建的革命运动，把中国人民反帝反封建的斗争提升到一个新水平。

（2）五四运动广泛地动员和组织了群众，是一场真正群众性的革命运动。青年学生起了先锋作用，工人阶级第一次作为独立了的政治力量登上历史舞台，在运动后期发挥了主力军作用。

（3）五四运动促进了马克思主义在中国的广泛传播，促进了马克思主义同中国工人运动的结合，为中国共产党成立作了思想和干部上的准备。

（4）五四运动是中国新民主主义革命的开端。五四运动后，无产阶级逐渐代替资产阶级成为近代中国民主革命的领导者。

（二）马克思主义传播与中国共产党诞生

考点47：李大钊与马克思主义在中国的传播（识记）

[单选] 1919年，发表《我的马克思主义观》一文的是<u>李大钊</u>。

考点48：中国共产党早期组织（识记）

[单选] 1920年11月，中国共产党早期组织领导建立的第一个产业工会是<u>上海机器工会</u>。

考点49：中共二大（识记）

[单选] 中国共产党第一次明确提出反帝反封建民主革命纲领的会议是<u>中共二大</u>。

[简答] ◎简述中共二大制定的民主革命纲领。

中共二大规定了中国共产党的最高纲领和最低纲领。

党的最低纲领，即党在当前阶段也就是民主革命阶段的纲领是：

（1）消除内乱，打倒军阀，建设国内和平。

（2）推翻国际帝国主义的压迫，达到中华民族完全独立。

（3）统一中国为真正的民主共和国。

考点50：早期马克思主义思想运动的历史特点（领会）

[单选]《共产党宣言》第一个中文全译本的译者是<u>陈望道</u>。

[单选] 1920年3月，在北京大学成立的学习和宣传马克思主义的社团是<u>马克思学说研究会</u>。

[简答] ◎简述中国早期马克思主义信仰者的三种类型及其代表人物。

（1）五四运动前的新文化运动的精神领袖，其代表是李大钊、陈独秀。

（2）五四运动中的左翼骨干，其代表是毛泽东、杨匏安、蔡和森、周恩来等。

(3) 一部分原中国同盟会会员、辛亥革命时期的活动家，其代表是董必武、吴玉章、林伯渠等。

考点 51：中国共产党成立初期领导发动的工农运动（领会）

[单选] 1921 年 8 月，中国共产党成立的领导工人运动的专门机关是<u>中国劳动组合书记部</u>。

[单选] 1921 年 9 月，中国共产党领导成立的第一个农民协会是在<u>浙江省萧山县</u>。

[单选] 1922 年 1 月，中国共产党领导的中国工人运动第一个高潮的起点是<u>香港海员罢工</u>。

考点 52：中国共产党的早期组织及其活动（简单运用）

[**论述**] ◎试述中国共产党早期组织的活动。

（1）研究和宣传马克思主义。

（2）到工人中去开展宣传和组织工作。

（3）进行关于建党问题的讨论和实际组织工作。

考点 53：中国共产党的成立是中华民族发展史上开天辟地的大事变（综合运用）

[**论述**] ◎试述中国共产党成立的历史意义。

（1）标志着中国革命终于有了一个坚强的领导核心。

（2）中国革命从此有了一个科学的指导思想。

（3）沟通了中国革命与世界革命的联系。

（三）国共合作与国民革命

考点 54：中共三大（识记）

[简答] ◎简述中共三大的主要内容及其意义。

（1）主要内容：1923 年 6 月，中国共产党第三次全国代表大会在广州召开，会议集中讨论了建立革命统一战线的问题，决定全体共产党员以个人名义加入国民党；同时强调在共产党员加入国民党时，党必须在政治上、思想上、组织上保持自己的独立性。

（2）意义：中共三大正确制定了建立革命统一战线的方针政策，有力推动了第一次国共合作的形成。

考点 55：第一次国共合作的政治基础及组织形式（领会）

[单选] 第一次国共合作的政治基础是<u>新三民主义</u>。

考点56：国民革命的兴起（领会）

[**单选**] 1925年第一次国共合作建立后，全国范围的大革命风暴兴起的标志是<u>五卅运动</u>。

考点57：北伐战争的胜利进展及其原因（简单运用）

[**简答**] ◎简述1926年至1927年北伐战争的直接打击目标和战略方针。

（1）直接目标：打倒帝国主义支持的北洋军阀。

（2）战略方针：集中兵力，各个歼灭。

① 首先，以主力进军两湖，消灭吴佩孚。

② 然后，引兵东向，消灭孙传芳。

③ 最后，北上解决张作霖。

[**简答**] ◎简述北伐战争胜利进军的主要原因。

（1）国共合作的实现，革命统一战线的建立，特别是共产党员和共青团员的先锋模范作用是北伐胜利的重要原因。

（2）北伐战争是反对帝国主义和封建军阀的正义的革命战争，得到广大工农群众的大力支持。

（3）北伐战争得到苏联政府的多方面援助，特别是派出的军事顾问帮助北伐制定了正确的军事战略战术。

第五章 中国革命的新道路

(一) 国民党在全国的统治和中间党派的政治主张

考点58：东北易帜（识记）

[单选] 1928年12月，在东北宣布"服从南京国民政府，改易旗帜"的是<u>张学良</u>。

考点59：官僚资本（识记）

[单选] 国民党在全国的统治建立后，官僚资本的垄断活动首先和主要是<u>从金融业方面开始的</u>。

考点60：中间党派及其社会基础（领会）

[单选] 1930年8月，邓演达领导成立的中间党派是<u>中国国民党临时行动委员会</u>。（又称第三党）

考点61：国民党的独裁统治（简单运用）

[简答] ◎简述大革命失败后，国民党政府的军事独裁统治的主要表现。

（1）建立庞大的军队。

（2）建立密布全国的特务系统。

（3）大力推行保甲制度。

（4）厉行文化专制主义。

国民党政府主要就是通过这些方法，来维护帝国主义、封建主义、官僚资本主义的利益，巩固自身统治的。

(二) 中国共产党对革命新道路的艰苦探索

考点62：八七会议（识记）

[单选] 1927年，中共八七会议确定的总方针是<u>开展土地革命和武装斗争</u>。

[单选] 毛泽东提出"须知政权是由枪杆子中取得的"著名论断是在<u>八七会议</u>。

[简答] ◎简述中共八七会议的主要内容。

（1）彻底清算了大革命后期陈独秀的右倾机会主义错误，确定了土地革命和武装斗争的方针。

（2）选出以瞿秋白为首的中央临时政治局。

（3）毛泽东着重阐述了农民问题和武装斗争对于中国革命的极端重要性，强调党"以后要非常注重军事，须知政权是由枪杆子中取得的"。

考点63：毛泽东与湘赣边界秋收起义（识记）

[简答] ◎简述1927年9月毛泽东领导的湘赣边界秋收起义的特点。

（1）它放弃了"左派国民党"运动的旗号，公开打出了"工农革命军"的旗帜。

（2）它不仅是军队的行动，而且有数量众多的工农武装参加。

考点64：《星星之火，可以燎原》（识记）

[单选] 1930年1月，毛泽东提出以乡村为中心思想的重要著作是《星星之火，可以燎原》。

考点65：南昌起义的意义（领会）

[单选] 中国共产党独立领导革命战争、创建人民军队始于南昌起义。

[简答] ◎简述八一南昌起义的历史意义。

（1）它打响了武装反抗国民党反动统治的第一枪，体现了中国共产党人为实行中国人民的根本利益和中华民族的解放事业而前赴后继的革命精神。

（2）它成为共产党独立领导革命战争、创建人民军队和武装夺取政权的伟大开端。

（3）它揭开了土地革命战争的序幕。

考点66：井冈山农村革命根据地创建的意义（领会）

[简答] ◎简述井冈山根据地创建的意义。

（1）它点燃了"工农武装割据"的星星之火，为共产党领导的其他各地武装起义树立了榜样。

（2）它从实践上开辟了一条在敌我力量十分悬殊的情况下，共产党深入农村保存和发展革命力量的正确道路。

（3）这条道路代表了1927年革命失败后中国革命发展的正确方向。

考点67：中国红色政权存在和发展的原因及条件（简单运用）

[单选] 1930年至1931年，在红一方面军三次反"围剿"斗争胜利的基础上形成了中央革命根据地。

[单选] 新民主主义革命的基本问题是农民土地问题。

[单选] 中国共产党历史上制定的第一个土地法是《井冈山土地法》。

考点68：以毛泽东为代表的中国共产党人对革命新道路的艰辛探索（综合运用）

[简答] ◎简述三湾改编的主要内容。

（1）将原有的一个师缩编为一个团。

（2）在部队中建立共产党各级组织，将党的支部建在连上。

（3）成立各级士兵委员会，部队内部实行民主管理。

（三）中国革命在探索中曲折前进

考点69：中华苏维埃第一次全国代表大会（识记）

[单选] 1931年11月，当选为中华苏维埃共和国中央执行委员会主席的是毛泽东。

[简答] ◎简述1931年召开的中华苏维埃第一次全国代表大会的主要内容。

（1）1931年11月，中华苏维埃第一次全国代表大会在江西省瑞金县叶坪村举行。

（2）大会通过了《中华苏维埃共和国宪法大纲》及土地法令、劳动法等法律文件。

（3）选举产生了中华苏维埃共和国中央执行委员会。

（4）宣告了中华苏维埃共和国临时中央政府的成立。毛泽东当选为中央执行委员会主席。

考点70：中央红军的战略大转移（识记）

[单选] 第五次反"围剿"斗争失败后，1934年10月开始战略转移的是红一方面军。（即中共中央机关和中央红军）

考点71：20世纪二三十年代中国共产党内连续出现"左"倾错误的原因（领会）

[简答] ◎简述20世纪20年代后期和30年代前期，中共党内屡次出现"左"倾错误的主要原因。

（1）八七会议以后，党内一直存在着的浓厚的近乎拼命的冲动，始终未能从指导思想上得到认真清理。

（2）全党的马克思主义理论准备不足，理论素养还不高，实践经验也很缺乏。

(3) 共产国际的干预及对王明的全力支持，更使许多人失去了识别和抵制能力。

考点 72：王明"左"倾教条主义的主要错误及其危害（简单运用）

[单选] 1931 年 1 月至 1935 年 1 月，中国共产党内出现的主要错误倾向是"<u>左</u>"<u>倾教条主义</u>。

考点 73：遵义会议的召开及其意义（综合运用）

[单选] 1935 年 1 月，中国共产党召开的具有历史转折意义的会议是<u>遵义会议</u>。

[单选] 遵义会议成立了新的三人团，全权负责红军的军事行动，三人团是<u>毛泽东、周恩来、王稼祥</u>。

[简答] ◎简述遵义会议集中解决的主要问题及其意义。

(1) 主要问题：遵义会议集中全力解决了当时具有决定意义的军事和组织问题，开始确立以毛泽东为代表的马克思主义正确路线在党中央的领导地位。

(2) 意义：遵义会议在极其危急的情况下挽救了中国共产党、挽救了中国工农红军、挽救了中国革命，成为中国共产党历史上一个生死攸关的转折点。这为党和革命事业转危为安、不断打开新局面提供了最重要的保证。

考点 74：红军长征的胜利及其意义（综合运用）

[单选] 1936 年 10 月，中国工农红军三大主力（红一、二、四方面军）胜利会师的地点是<u>甘肃会宁、静宁将台堡</u>。

[论述] ◎试述中国共产党领导中国工农红军长征胜利的历史意义。

中国共产党领导的中国工农红军长征的胜利，具有极其重要的历史意义。

(1) 中国工农红军的长征是一部伟大的革命英雄主义的史诗。

(2) 通过长征，中国革命的大本营放在了西北，这为迎接中国人民抗日救亡的新高潮准备了条件。

(3) 长征保持并锤炼了中国革命的骨干力量，这是党和红军极为宝贵的精华。

(4) 长征播撒了革命的火种。

(5) 铸就了伟大的长征精神。

第六章 中华民族的抗日战争

(一) 日本发动灭亡中国的侵略战争

考点75：九一八事变（识记）

[单选] 1931年，日本帝国主义制造的侵略中国东北的事变是<u>九一八事变</u>。

考点76：华北事变（识记）

[单选] 1935年，日军帝国主义为扩大对华侵略而制造的事变是<u>华北事变</u>。

考点77：七七卢沟桥事变（识记）

[单选] 1937年，日本帝国主义发动全面侵华战争制造的事件是<u>卢沟桥事变</u>。（七七事变）

考点78：伪"满洲国"（识记）

[单选] 1932年，日本侵略者在中国策划建立的傀儡政权是<u>伪"满洲国"</u>。

(二) 中国人民奋起抗击日本侵略者

考点79：察哈尔抗日同盟军（识记）

[单选] 1933年5月，原国民党西北军将领冯玉祥领导成立的抗日武装力量是<u>察哈尔抗日同盟军</u>。

考点80：国民党第十九路军抗日反蒋事变（识记）

[单选] 1933年11月，国民党爱国将领蔡廷锴和蒋光鼐等发动的抗日反蒋事件是<u>福建事变</u>。

考点81：瓦窑堡会议（领会）

[单选] 中国共产党正式提出建立抗日民族统一战线政策的会议是<u>瓦窑堡会议</u>。

考点82：一二·九运动及其意义（简单运用）

[简答] ◎简述一二·九运动及其历史意义。

（1）1935年12月9日，在中共北平临时工作委员会领导下，北平学生举行抗日游行，喊出"反对华北自治运动""打倒日本帝国主义""停止内战，一致对外"等口号，游行队伍遭到国民党军警镇压，这就是一二·九运动。

（2）意义：一二·九运动打击了日本帝国主义侵略中国并吞并华北的计划，促进了中华民族的觉醒，标志着中国人民抗日救亡运动新高潮的到来。

考点83：西安事变的和平解决及其意义（简单运用）

[单选] 标志十年内战结束、国内和平基本实现的事件是<u>西安事变</u>。

（三）国民党的正面战场及大后方的抗日民主运动

考点84：台儿庄战役（识记）

[单选] 1938年3月，国民党军队在抗日战争正面战场取得胜利的战役是<u>台儿庄战役</u>。

考点85：为国捐躯的国民党将领（识记）

[单选] 1937年，在淞沪会战中率领"八百壮士"孤守上海四行仓库的爱国将领是<u>谢晋元</u>。

[单选] 1940年，在枣宜会战中以身殉国的国民党爱国将领是<u>张自忠</u>。

考点86：中国共产党领导和开展的大后方抗日民主运动和抗日文化运动（综合运用）

[单选] 1941年3月，在大后方抗日民主运动中诞生的民主党派是<u>中国民主政团同盟</u>。

（四）中国共产党成为抗日战争的中流砥柱

考点87：洛川会议和《抗日救国十大纲领》（识记）

[单选] 1937年8月，中国共产党制定《抗日救国十大纲领》的重要会议是<u>洛川会议</u>。

考点88：敌后抗日根据地（识记）

[单选] 全民族抗战开始后，中国军队取得的第一次重大胜利的战役是<u>平型关战役</u>。

考点89：敌后战场涌现的民族英雄和英雄群体（识记）

[单选] 在抗日战争中为国捐躯的八路军副参谋长是<u>左权</u>。

考点90：抗日游击战争的战略地位和作用（简单运用）

[单选] 1940年，八路军对华北侵华日军发动大规模进攻的战役是<u>百团大战</u>。

考点91：中国共产党及其领导的人民抗日力量是抗日战争的中流砥柱（综合运用）

[简答] ◎简述中国共产党的中流砥柱作用是中国人民抗日战争胜利的关键。

（1）中国共产党自成立之日起就把实现中华民族伟大复兴作为自己的历史使命。

（2）在抗日战争中，中国共产党坚持全面抗战路线，制定正确战略策略，开辟广大敌后战场，成为坚持抗战的中坚力量。

（3）中国共产党人以自己的政治主张、坚定意志、模范行动，支撑起全民族救亡图存的希望，引领着夺取战争胜利的正确方向，成为夺取战争胜利的民族先锋。

考点92：毛泽东《论持久战》的主要内容及其意义（综合运用）

[单选] 1938年5月，毛泽东发表的系统阐述抗日战争特点、前途和发展规律的著作是<u>《论持久战》</u>。

[单选] 毛泽东在《论持久战》中指出，中国抗日战争取得胜利最关键的阶段是<u>战略相持阶段</u>。

[论述] ◎试述毛泽东在《论持久战》一文中对中日双方存在着互相矛盾的四个特点的分析。

（1）特点：敌强我弱，敌小我大，敌退步我进步，敌寡助我多助。

（2）分析：

① 日本是强国，中国是弱国，强国弱国的对比，决定了抗日战争只能是持久战。

② 日本是小国，发动的是退步的、野蛮的侵略战争，在国际上失道寡助；而中国是大国，进行的是进步的、正义的反侵略战争，在国际上得道多助。

③ 中国已经有了代表中华民族和中国人民根本利益的、政治上成熟的共产党及其领导的人民军队和抗日根据地。

因此，最后胜利又将是属于中国的。

考点93：中国共产党关于巩固和扩大抗日民族统一战线的策略总方针（综合运用）

[简答] ◎简述抗日民族统一战线中的中间势力及争取中间势力的主

要条件。

(1) 中间势力主要是指民族资产阶级、开明绅士和地方实力派。

(2) 争取中间势力需要一定的条件：

① 共产党要有充足的力量。

② 尊重他们的利益。

③ 要同顽固派作坚决的斗争，并能一步一步地取得胜利。

[简答] ◎简述抗日民族统一战线的顽固派势力及中国共产党与其斗争的政策和原则。

(1) 顽固势力是指大地主大资产阶级的抗日派，即以蒋介石集团为代表的国民党亲英美派。

(2) 中国共产党必须以革命的两面政策来对付他们，即贯彻又联合又斗争的政策，斗争不忘团结，团结不忘斗争，二者不可偏废，而以团结为主。

(3) 同顽固派作斗争时，应坚持有理、有利、有节的原则。只有这样，才能达到以斗争求团结的目的。

考点94：新民主主义理论的系统阐述及其意义（综合运用）

[简答] ◎新民主主义革命的总路线和三大经济纲领。

(1) 新民主主义革命的总路线：无产阶级领导的，人民大众的，反对帝国主义封建主义和官僚资本主义的革命。

(2) 三大纲领：

① 没收操纵国计民生的大银行、大工业、大商业归新民主主义国家所有，建立国营经济。

② 没收地主阶级的土地归农民所有，并引导个体农民发展合作经济。

③ 允许民族资本主义经济的发展和富农经济的存在。

[简答] ◎简述新民主主义革命的基本纲领。

毛泽东阐明了中国共产党在新民主主义革命阶段的基本纲领。

(1) 政治上，推翻帝国主义和封建主义的压迫，建立一个以无产阶级为领导、以工农联盟为基础的各革命阶级联合专政的新民主主义共和国。

(2) 经济上，没收操纵国计民生的大银行、大工业、大商业归新民主主义国家所有，建立国营经济；没收地主阶级的土地归农民所有，并引导个体农民发展合作经济；允许民族资本主义经济的发展和富农经济的存在。

（3）文化上，废除封建买办文化，发展无产阶级领导的人民大众的反帝反封建的中华民族的新文化，即民族的科学的大众的文化。

考点 95：延安整风运动及其意义（综合运用）

[单选] 中国共产党开展的延安整风运动最主要的任务是<u>反对主观主义</u>。

[简答] ◎简述延安整风运动的目的、内容和意义。

（1）目的：为了总结和吸取中国共产党历史上的经验教训，提高广大党员的思想理论水平，增强党的凝聚力和战斗力。

（2）内容：反对主观主义以整顿学风、反对宗派主义以整顿党风、反对党八股以整顿文风。

（3）意义：整风运动是一场伟大的思想解放运动，在全党范围确立起一切从实际出发、理论联系实际、实事求是的马克思主义思想路线。

（五）抗日战争的胜利及其意义

考点 96：联合国制宪会议（识记）

[单选] 1945 年 4 月，包括解放区代表董必武在内的中国代表团出席的国际会议是<u>旧金山会议</u>。

考点 97：中国人民抗日战争胜利纪念日（识记）

[单选] 2014 年 2 月，十二届全国人大常委会第七次会议确定的中国人民抗日战争胜利纪念日是<u>9 月 3 日</u>。

考点 98：抗日战争的完全胜利（领会）

[单选] 1945 年 8 月，发表《对日寇的最后一战》声明的是<u>毛泽东</u>。

考点 99：抗日战争胜利的主要原因（简单运用）

[简答] ◎简述中国人民抗日战争胜利的基本经验。（胜利原因）

（1）以爱国主义为核心的伟大民族精神是中国人民抗日战争胜利的决定因素。（中国人民热爱和平、反对侵略战争，同时又不惧怕战争）

（2）中国共产党的中流砥柱作用是中国人民抗日战争胜利的关键。

（3）全民族抗战是中国人民抗日战争胜利的重要法宝。

（4）世界所有爱好和平和正义的国家和人民、国际组织及各种反法西斯力量的同情和支持，是中国人民抗日战争胜利的国际条件。

考点 100：中国人民抗日战争在世界反法西斯战争中的地位（综合运用）

[简答/论述] ◎简/试述中国人民抗日战争在世界反法西斯战争中的

地位。

（1）中国人民抗日战争是世界反法西斯战争的东方主战场。中国人民抗日战争开始最早，持续时间最长，中国战场长期牵制和抗击了日本军国主义的主要兵力，中国抗战对日本侵略者的彻底覆灭起到了决定性作用。

（2）中国人民的持久抗战，遏制了日本的"北进"计划，迟滞了日本的"南进"步伐，大大减轻了其他战场的压力，为盟国军队完成战略转折和实施战略反攻创造了有利条件。

（3）中国作为亚洲太平洋地区盟军对日作战的重要后方基地，还为盟国提供了大量战略物资和军事情报。中国军队出国作战，不仅打击了日军，还对盟军给予了实际支援。

中国人民为战胜法西斯、维护世界的和平付出了巨大的牺牲，作出了伟大的贡献。

［论述］◎试述中国抗日战争胜利的伟大历史意义。

中国人民抗日战争的胜利具有重大而深远的意义。

（1）中国人民抗日战争的胜利，彻底粉碎了日本军国主义殖民奴役中国的图谋，迫使日本归还甲午战争以后从中国窃取的东北、台湾、澎湖列岛等神圣领土，捍卫了国家主权和领土完整，彻底洗刷了近代以来抗击外来侵略屡战屡败的民族耻辱。

（2）中国人民抗日战争的伟大胜利，重新确立了中国在世界上的大国地位。

（3）中国人民抗日战争的胜利，促进了中华民族的觉醒，开辟了中华民族伟大复兴的光明前景。

第七章 为创建新中国而奋斗

（一）从争取和平民主到进行自卫战争

考点 101：重庆谈判（识记）

[单选] 1945 年 8 月至 10 月，国共双方举行的谈判是<u>重庆谈判</u>。

[单选] 1945 年 10 月 10 日，国共双方签署了<u>《政府与中共代表会谈纪要》</u>。

考点 102：校场口惨案（识记）

[单选] 1946 年 2 月，国民党特务破坏"庆祝政协成功大会"所制造的惨案是<u>校场口惨案</u>。

考点 103：下关惨案（识记）

[单选] 1946 年 6 月，国民党当局制造的镇压上海人民团体联合会请愿团的惨案是<u>下关惨案</u>。

考点 104：抗日战争胜利后的国际格局（领会）

[简答] ◎简述抗日战争胜利后的国际格局。

（1）帝国主义势力受到削弱，人民民主力量明显增长。

（2）逐步打破了以维持欧洲大国均势为中心的传统的国际政治格局，形成了美苏两极的政治格局。

（3）战后不久，美国拟订了一个准备称霸世界的所谓"全球战略计划"。

考点 105：必须和能够打败蒋介石（简单运用）

[单选] 1946 年 6 月，国民党军队挑起全面内战的起点是<u>大举围攻中原解放区</u>。

[单选] 1947 年 10 月 10 日，《中国人民解放军宣言》正式提出的口号是<u>"打倒蒋介石，解放全中国"</u>。

考点 106：抗日战争胜利后中国国内的三种建国方案和两个中国之命运的较量（综合运用）

[单选] 1945 年 8 月，中共中央在《对目前时局的宣言》中明确提出的口号是<u>"和平、民主、团结"</u>。

[简答] ◎简述中国共产党建国方案的主要内容及其评价。

(1) 主要内容：在工人阶级及其政党的领导下，通过彻底的反帝反封建的民主革命，即新民主主义革命，建立一个工人阶级领导的、以工农联盟为基础的、团结一切可以团结的力量的人民民主专政的人民共和国。这也是中国共产党领导中国人民进行新民主主义革命所要实现的基本目标。

(2) 评价：这一方案是引导中华民族和中国人民争得民族独立和人民解放，从而为实现国家富强开辟道路的科学的建国方案。

（二）国民党政府处于全民的包围之中

考点107：新民主主义革命总路线（识记）

[单选] 1948年4月，毛泽东完整提出新民主主义革命总路线的著作是<u>《在晋绥干部会议上的讲话》</u>。

考点108：《五四指示》（识记）

[单选] 1946年，中共中央决定将减租减息政策改为实现"耕者有其田"政策的文件是<u>《关于清算、减租及土地问题的指示》</u>。（史称"五四指示"）

考点109：五二〇惨案（识记）

[单选] 1947年在国统区爆发的大规模的爱国学生运动是<u>五二〇运动</u>。

考点110：台湾人民二二八起义（识记）

[单选] 台湾人民为反抗国民党当局暴政而举行二二八起义的时间是<u>1947年</u>。

[单选] 1947年，台湾人民举行的反对国民党反动统治的大规模斗争是<u>二二八起义</u>。

考点111：民主党派（识记）

[简答] ◎简述中国各民主党派形成时的社会基础及其性质。

(1) 社会基础：主要是民族资产阶级、城市小资产阶级及同这些阶级相联系的知识分子和其他爱国分子。

(2) 性质：所联系和代表的是这些阶级、阶层的人们，在反帝爱国和争取民主共同要求基础上的联合，是阶级联盟性质的政党。在它们的成员和领导骨干中，还有一定数量的革命知识分子和少数共产党人。

考点112：人民解放军的战略进攻（领会）

[单选] 1947年6月，晋冀鲁豫野战军千里跃进大别山，揭开了人民解放战争<u>战略进攻</u>的序幕。

考点 113：国民党统治的政治经济危机（领会）

[**单选**] 国统区人民所进行的第二条战线的斗争，以<u>学生运动为发端</u>。

考点 114：中国共产党与各民主党派的团结合作（简单运用）

[**论述**] ◎试述全国解放战争时期，各民主党派与中国共产党团结合作的主要表现。

（1）重庆谈判和政协会议期间，各民主党派作为"第三方面"，主要同共产党一道，反对国民党反动派的内战、独裁政策，为争取和平民主而共同努力。

（2）在国民党当局撕毁政协协议、发动全面内战后，民主党派中的大多数同共产党保持一致，拒绝参加国民党一手包办的"国民大会"、反对国民党炮制的"宪法"。

（3）民主党派的许多成员积极参加和支持中国共产党领导的爱国民主运动，有的为此流血牺牲。

（4）在人民解放战争转入战略反攻并且取得节节胜利的形势下，1948年初各民主党派公开宣言，站在人民革命一边，同共产党一道为推翻国民党的反动统治和建立新中国而共同奋斗。

（三）人民共和国：中国人民的历史性选择

考点 115：战略决战（识记）

[**单选**] 1948年9月，中国人民解放军发起战略决战的第一个战役是<u>辽沈战役</u>。

考点 116：人民解放军占领南京及其向全国进军（识记）

[**单选**] 1949年4月21日，中国人民解放军发起的重大战役是<u>渡江战役</u>。

考点 117：中共七届二中全会的主要内容（领会）

[**单选**] 1949年3月，毛泽东在中共七届二中全会上明确提出了"<u>两个务必</u>"的要求。

[**单选**] 1949年3月，中国共产党在河北省平山县西柏坡召开的重要会议是<u>中共七届二中全会</u>。

考点 118：中国人民政治协商会议及其《共同纲领》的主要内容（综合运用）

[**单选**]《共同纲领》最基本、最核心的内容是关于新中国的<u>国体和政</u>

体的规定。

[简答] ◎简述《中国人民政治协商会议共同纲领》规定的新中国的经济工作方针。

（1）规定了新中国经济工作方针：以公私兼顾、劳资两利、城乡互助、内外交流的政策，达到发展生产、繁荣经济之目的。

（2）国家应调剂国营经济、个体经济、私人资本主义经济等，使各种社会经济成分在国营经济领导之下，分工合作，各得其所，以促进整个社会经济的发展。

[论述] ◎试述《中国人民政治协商会议共同纲领》规定的新中国国体、政体及意义。

（1）国体、政体：

①《共同纲领》规定中华人民共和国为新民主主义即人民民主主义的国家，实行工人阶级领导的、以工农联盟为基础的、团结各民主阶级和国内各民族的人民民主专政。

② 中华人民共和国的国家政权属于人民。

③ 人民行使国家政权的机关为各级人民代表大会和各级人民政府。

④ 各级政权机关一律实行民主集中制。

（2）意义：在当时的情况下，《共同纲领》起着临时宪法的作用。其中关于新中国的国体和政体的规定，是《共同纲领》最基本、最核心的内容。其他各项内容都是服从和服务于它及体现它的。这项规定也从法律上正式确立了中国共产党在全国的执政地位，因为中国工人阶级对国家的领导是要通过它的先锋队——中国共产党的领导来实现。

考点119：中国革命胜利的主要原因和基本经验（综合运用）

[简答] ◎简述中国革命统一战线中的两个联盟及其关系。

（1）一个是劳动者的联盟，主要是工人、农民和城市小资产阶级的联盟，这是基本的，主要的。

（2）一个是劳动者与非劳动者的联盟，主要是劳动者与民族资产阶级的联盟，有时还包括与一部分大资产阶级的暂时的联盟，这是辅助的，同时又是重要的。

[论述] ◎试述中国新民主主义革命胜利主要原因。

（1）有了中国工人阶级的先锋队——中国共产党的领导。

(2）广大人民和各界人士的广泛参加和大力支持。工人、农民、城市小资产阶级群众是民主革命的主要力量；随着斗争的发展，民族资产阶级也逐步向共产党靠拢。

（3）国际无产阶级和人民群众的支持。

[**论述**] ◎试述中国新民主主义革命胜利的基本经验。

（1）建立广泛的统一战线。这是坚持和发展革命的政治基础。

（2）坚持革命的武装斗争。中国革命只能以长期的武装斗争作为主要形式。

（3）加强共产党自身的建设。

第八章 社会主义基本制度的全面确立

（一）《共同纲领》的全面实施与新民主主义革命任务的胜利完成

考点120："三反"运动、"五反"运动（识记）

[**单选**] 1951年底至1952年春，中国共产党在党政机关人员中开展的运动是"三反"运动。

[**简答**] ◎简述新中国建立初期，"三反""五反"运动的内容和意义。

（1）内容："三反"运动，即反贪污、反浪费、反官僚主义。

"五反"运动，即反行贿、反偷税漏税、反盗窃国家资财、反偷工减料、反盗窃国家经济情报。

（2）意义："三反"运动教育了干部的大多数，挽救了犯错误的同志，清除了党的队伍和国家干部队伍中的腐化分子，有力地抵制了旧社会恶习和资产阶级的腐蚀，对于在执政的条件下保持共产党人的革命精神，促进中国共产党和人民政府的廉政建设，起到了重要的作用。

"五反"运动打击了不法资本家严重的"五毒"行为，在工商业者中普遍进行了一次守法经营的教育，推动了在私营企业中建立工人监督和实行民主改革。

考点121：西藏和平解放（领会）

[**单选**] 中国西藏和平解放的时间是1951年10月。

考点122：没收官僚资本（领会）

[**单选**] 新中国建立社会主义国营经济的最主要途径和手段是没收官僚资本。

考点123：争取国家财经政策经济状况基本好转的条件（简单运用）

[**单选**] 提出争取国家财政经济状况基本好转任务的会议是中共七届三中全会。

[**单选**] 1950年6月，中共七届三中全会确定的中心任务是争取国家财政经济状况的基本好转。

考点124：抗美援朝，保家卫国（简单运用）

[单选] 1950年，被任命为中国人民志愿军司令员兼政治委员的是<u>彭德怀</u>。

[简答] ◎简述抗美援朝战争的历史意义。

（1）抗美援朝战争的胜利，打破了美国军队不可战胜的神话，雄辩地证明：西方侵略者几百年来只要在东方一个海岸上架起几尊大炮就可霸占一个国家的时代一去不复返了。

（2）抗美援朝运动极大地激发了全国人民的爱国主义和国际主义精神，成为恢复和发展国民经济，推动各项社会改革的巨大动力。

（3）抗美援朝的胜利，使全世界对新中国刮目相看，新中国的国际威望空前提高。

（4）抗美援朝的胜利为新中国的经济建设和社会改革赢得了一个相对稳定的和平环境。

考点125：中华人民共和国的成立开辟了中国历史的新纪元（综合运用）

[单选] 标志着半殖民地半封建社会的结束和新民主主义社会在全国范围内的建立是<u>中华人民共和国的成立</u>。

[论述] ◎试述中华人民共和国成立的历史意义。

（1）中华民族开始以崭新的姿态自立于世界的民族之林。

（2）建立了一个真正属于人民的共和国。

（3）国家基本统一，人民可以集中力量从事经济文化等方面建设。

（4）为实现由新民主主义向社会主义的过渡，创造了政治前提。

（5）中国共产党成为全国范围内的执政党。

考点126：中国共产党在全国执政面临的新考验（综合运用）

[简答] ◎简述新中国建立初期中国共产党面临的主要问题和考验。

（1）能不能保卫住人民胜利的成果，巩固新生的人民政权。

（2）能不能战胜严重的经济困难，迅速恢复和发展国民经济。

（3）能不能巩固民族独立，维护国家主权和安全

（4）能不能经受住执政的考验，继续保持谦虚、谨慎、不骄、不躁的作风和艰苦奋斗的作风。

（二）制定过渡时期总路线

考点 127：过渡时期总路线的内容（识记）

[单选] 新中国开始实施发展国民经济第一个五年计划的时间是<u>1953 年</u>。

[单选] 中国共产党在过渡时期总路线的主体是逐步实现<u>对个体农业的社会主义改造</u>。

[简答] ◎简述新中国 1949 年至 1952 年采取的向社会主义过渡的实际步骤。

（1）没收官僚资本，确立社会主义性质的国营经济的领导地位。

（2）开始将资本主义工商业纳入国家资本主义轨道。

（3）引导个体农民在土地改革后逐步走上互助合作的道路。

[简答] ◎简述中国共产党在过渡时期总路线的内容及其特点。

（1）内容：中共中央在 1953 年正式提出党在过渡时期的总路线，明确规定："党在这个过渡时期的总路线和总任务，是要在一个相当长的时期内，逐步实现国家的社会主义工业化，并逐步实现国家对农业、对手工业和对资本主义工商业的社会主义改造。"

（2）特点：这是一条"一化三改""一体两翼"的总路线，即社会主义建设同社会主义改造同时并举的总路线，"一化"反映了生产力方面的要求，"三改"则反映出对生产关系的改造，体现了发展生产力和变革生产关系的有机统一。

考点 128：新民主主义社会的特点与性质（简单运用）

[简答] ◎简述新民主主义社会的五种经济成分及其特点。

新民主主义社会的五种经济成分：社会主义性质的国营经济、半社会主义性质的合作社经济、农民和手工业者的个体经济、私人资本主义经济和国家资本主义经济。

特点：半社会主义性质的合作社经济是个体经济向社会主义集体经济过渡的形式，国家资本主义经济是私人资本主义经济向社会主义国营经济过渡的形式。所以，主要的经济成分是三种：社会主义经济、个体经济和私人资本主义经济。其中的个体经济是处于十字路口的经济，它既可以被引导着走向社会主义，也可以自发地走向资本主义。

考点129：过渡时期总路线反映了历史的必然（综合运用）

[**论述**] ◎试述中国共产党提出的过渡时期的总路线反映了历史的必然性。

（1）总路线："一化三改""一体两翼"。

① 一化、一体：实现国家的社会主义工业化。

② 三改、两翼：实现国家对农业、手工业和资本主义工商业的社会主义改造。

（2）历史的必然性：

① 社会主义性质的国营经济力量相对来说比较强大，它是实现国家工业化的主要基础。

② 资本主义经济力量弱小，发展困难，不可能成为中国工业起飞的基础。

③ 对个体农业进行社会主义改造，是保证工业发展、实现国家工业化的一个必要条件。

④ 当时的国际环境也促使中国选择社会主义。

（三）开辟中国社会主义改造道路

考点130：对农业社会主义改造采取的过渡性经济组织形式（领会）

[**单选**] 在我国农业合作化过程中，具有社会主义的萌芽的经济组织形式是<u>互助组</u>。

[**单选**] 在我国农业合作化过程中，具有半社会主义性质的经济组织形式是<u>初级农业生产合作社</u>。

[**单选**] 我国农业社会主义改造中，具有完全社会主义性质的经济组织形式是<u>高级农业生产合作社</u>。

考点131：第一个五年计划及工业建设的成就（领会）

[**单选**] 新中国发展国民经济第一个五年计划的中心环节是<u>优先发展重工业</u>。

考点132：完成对农业社会主义改造的意义（简单运用）

[**论述**] ◎试述社会主义改造基本完成的意义。

（1）随着社会主义改造的基本完成，中国继建立了社会主义基本政治制度以后，社会主义的基本经济制度也建立起来了。这是中国进入社会主义社会的最主要的标志。

（2）社会主义改造是在生产关系方面由私有制到公有制的一场伟大的变革，这就使社会生产力从旧的生产关系的束缚中解放出来，对生产力的发展直接起到了促进作用。

（3）通过社会主义改造，中国共产党创造性地完成了由新民主主义到社会主义的过渡，实现了中国历史上最伟大最深刻的社会变革，开始了在社会主义道路上实现中华民族伟大复兴的历史征程。

考点133：对农业社会主义改造的基本原则和方针（综合运用）

[论述] ◎试述我国对个体农业进行社会主义改造的基本原则和方针。

（1）在中国的条件下，可以先走合作化、后机械化的道路。

（2）充分利用和发挥土改后农民的两种生产积极性，通过互助组、初级农业生产合作社、高级农业生产合作社这种由低到高的互助合作的组织形式，实行积极发展、稳步前进、逐步过渡的方针。

（3）农业互助合作的发展，坚持自愿和互利的原则，采取典型示范、逐步推广的方法，发展一批，巩固一批。

（4）始终把是否增产作为衡量合作社是否办好的标准。

（5）把社会改造同技术改造相结合。

考点134：对资本主义工商业采取和平赎买政策的特点及意义（综合运用）

[单选] 我国对资本主义工商业进行社会主义改造的高级形式是<u>公私合营</u>。

[单选] 我国对资本主义工商业进行社会主义改造的基本政策是<u>和平赎买</u>。

[简答] ◎简述20世纪50年代，我国对资产主义工商业实行和平赎买政策的特点。

（1）有偿地而不是无偿地，逐步地而不是突然地改变资产阶级的所有制。

（2）在改造他们的同时，给予他们以必要的工作安排。

（3）不剥夺资产阶级的选举权，并且对于他们中间积极拥护社会主义改造，并在这个改造事业中有所贡献的代表人物给以恰当的政治安排。

考点 135：新民主主义革命的胜利，社会主义基本制度的建立，为当代中国一切发展进步奠定了根本政治前提和制度基础（综合运用）

[**单选**] 社会主义制度在中国确立的主要标志是<u>社会主义三大改造的基本完成</u>。

[**单选**] 中国进入社会主义社会的主要标志是<u>社会主义三大改造的完成</u>。

第九章 社会主义建设在探索中曲折发展

（一）良好的开局

考点136：社会主义制度确立后中国国内的主要矛盾（识记）

[单选] 1956年召开的中共八大提出，党和全国人民当前的主要任务是把我国从落后的农业国变为先进的工业国。

考点137：整风运动与反右派斗争（识记）

[单选] 1957年6月开展的全国规模的群众性运动是反右派运动。

考点138：《论十大关系》及其提出的建设社会主义的基本方针（领会）

[单选] 毛泽东在《论十大关系》中提出的中国社会主义建设的基本方针是调动一切积极因素，为社会主义事业服务。

[单选] 我国社会主义改造基本完成后，党和国家的根本任务是进行社会建设。（在新的生产关系下保护和发展生产力）

[简答] ◎简述毛泽东发表《论十大关系》一文的意义。

（1）它是以毛泽东为主要代表的中国共产党人开始探索中国自己的社会主义建设道路的标志。

（2）它在新的历史条件下从经济方面（这是主要的）和政治方面提出了新的指导方针，为中共八大的召开作了理论准备。

考点139：中共八大制定的路线及其意义（简单运用）

[单选] 1956年，在中共八大上提出"三个主体，三个补充"思想的是陈云。

[单选] 1956年召开的中共八大指出，党和全国人民当前的主要任务是把我国从落后的农业国变为先进的工业国。

[论述] ◎试述中共八大如何分析我国社会主义改造完成后国内的主要矛盾和主要任务。

（1）中共八大的基本任务是：总结党的第七次全国代表大会以来的经验，团结全党，团结国内外一切可能团结的力量，为了建设一个伟大的社会主义中国而奋斗。

（2）大会正确地分析了国内的主要矛盾和主要任务，指出：我们国内的主要矛盾，已经是人民对于建立先进的工业国的要求同落后的农业国的现实之间的矛盾，已经是人民对于经济文化迅速发展的需要同当前经济文化不能满足人民需要的状况之间的矛盾。这一矛盾的实质，在我国社会主义制度已经建立的情况下，也就是先进的社会主义制度同落后的社会生产力之间的矛盾。

（3）党和全国人民的当前的主要任务是集中力量来解决这个矛盾，把我国尽快地从落后的农业国变为先进的工业国。

考点140：毛泽东关于社会主义社会基本矛盾的分析（简单运用）

［单选］在探索中国社会主义建设道路过程中，提出社会主义社会基本矛盾学说的是<u>毛泽东</u>。

考点141：毛泽东关于正确区分两类社会矛盾以及正确处理人民内部矛盾的思想及其意义（综合运用）

［单选］毛泽东在1957年2月扩大的最高国务会议上指出，我国政治生活的主题是<u>正确处理人民内部矛盾</u>。

［论述］◎试述毛泽东关于正确区分社会主义社会两类不同性质矛盾学说的主要内容及其意义。

（1）1957年，毛泽东在《关于正确处理人民内部矛盾的问题》一文中提出，社会主义社会存在着敌我之间和人民内部两类性质根本不同的矛盾。

（2）前者需要用强制的、专政的方法去解决，后者只能用民主的、说服教育的、"团结—批评—团结"的方法去解决。

（3）这一文章创造性地阐述了社会主义社会矛盾学说，是对科学社会主义理论的重要发展，进一步丰富和发展了中共八大路线，对中国社会主义事业具有长远的指导意义。

（二）探索中的严重曲折

考点142：庐山会议（识记）

［单选］1959年，在中共中央召开的庐山会议上受到错误批判的是<u>彭德怀</u>。

考点143："二月逆流"（识记）

［单选］1967年，老一辈革命家对"中央文革小组"的错误做法进行的抗争被诬称为<u>"二月逆流"</u>。

考点144：20世纪60年代前期的国民经济调整（领会）

[单选] 1961年1月，中共中央决定对国民经济实行"调整、巩固、充实、提高"方针的会议是<u>中共八届九中全会</u>。

考点145："文化大革命"的发动（领会）

[单选] 1966年至1976年在我国发生的全局性、长时间的"左"倾严重错误是<u>"文化大革命"</u>。

考点146：七千人大会的召开及其意义（简单运用）

[单选] 1962年年初，中共中央召开的总结经验教训、明确工作方向的会议是<u>七千人大会</u>。

[单选] 新中国第一次提出实现四个现代化奋斗目标的会议是<u>第三届全国人民代表大会</u>。

（三）建设的成就　探索的成果

考点147："两弹一星"（识记）

[单选] 1964年，新中国取得的重大科技成就是<u>第一颗原子弹试验成功</u>。

[单选] 1970年，新中国在科学技术领域取得的重大成就是<u>第一颗人造卫星发射成功</u>。

[单选] 新中国成功发射的第一颗人造地球卫星的时间是<u>1970年4月</u>。

考点148：中国恢复在联合国的合法席位（识记）

[单选] 1971年10月，新中国在外交上取得的重大成果是<u>恢复了在联合国的合法席位</u>。

考点149：毛泽东等老一代革命家探索中国社会主义建设道路的理论贡献及其意义（综合运用）

[简答] ◎简述毛泽东提出的社会主义现代化建设的战略目标和步骤。

关于社会主义现代化建设的战略目标和步骤，毛泽东强调：为了建设社会主义，必须大力推进中国的现代化事业。

（1）社会主义现代化建设的战略目标，是要把中国建设成为一个具有现代农业、现代工业、现代国防和现代科学技术的强国。

（2）步骤应当采取"两步走"的发展战略。

第一步，建成一个独立的比较完整的工业体系和国民经济体系。

第二步，全面实现农业、工业、国防和科学技术的现代化，使中国的经济走在世界前列。

第十章 中国特色社会主义的开创与接续发展

（一）历史性的伟大转折和改革开放的起步

考点 150：四项基本原则（识记）

[单选] 邓小平在 1979 年 3 月的理论工作务虚会上明确提出，必须坚持四项基本原则。

[简答] ◎简述 1979 年 3 月邓小平提出的四项基本原则及坚持这些原则的重要性。

（1）四项基本原则是指：坚持社会主义道路，坚持人民民主专政，坚持共产党的领导，坚持马克思列宁主义、毛泽东思想。

（2）坚持这些原则的重要性：这是实现四个现代化的根本前提，如果动摇了其中的任何一项，那就动摇了整个社会主义事业，整个现代化建设事业。

考点 151：全国人大常委会《告台湾同胞书》（识记）

[单选] 全国人大常委会于 1979 年元旦发表的重要文献是《告台湾同胞书》。

考点 152："统分结合"的农村家庭联产承包责任制（领会）

[单选] 1980 年 5 月，邓小平发表《关于农村政策的谈话》，肯定了包产到户形式。

考点 153：关于真理标准问题大讨论（简单运用）

[单选] 成为拨乱反正和改革开放的思想先导的是 1978 年 5 月开始的关于真理标准问题的大讨论。

[论述] ◎试述 1978 年关于真理标准问题大讨论的历史意义。

（1）冲破了"两个凡是"的思想束缚，是一场马克思主义思想解放运动，成为拨乱反正和改革开放的思想先导。

（2）为中国共产党重新确立实事求是的思想路线，纠正长期以来"左"倾错误，实现历史性转折作了思想理论准备。

考点 154：中共十一届三中全会的历史贡献（综合运用）

[单选] 中国共产党于 1978 年 12 月召开的具有历史转折意义的会议是<u>中共十一届三中全会</u>。

[论述] ◎试述中共十一届三中全会是新中国成立以来党的历史上具有深远意义的伟大转折。

（1）重新确立了马克思主义的思想路线。全会冲破长期"左"的错误的严重束缚，彻底否定了"两个凡是"的错误方针，高度评价了关于真理标准问题的讨论，并且断然否定"以阶级斗争为纲"的指导思想，恢复了马克思主义实事求是的思想路线。

（2）全会公报全面分析了当前的主要矛盾和主要任务，作出了把工作重点转移到社会主义现代化建设上来和实行改革开放的战略决策。

（3）全会恢复了党的民主集中制优良传统，审查解决了历史上遗留的一批重大问题和一些重要领导人功过是非问题。

（4）为了适应社会主义现代化建设的需要，全会决定在党的生活和国家政治生活中加强民主，明确党思想路线，加强党的领导机构和成立中央纪律检查委员会。

（5）中共十一届三中全会是新中国成立以来党的历史上具有深远意义的伟大转折。全会结束了粉碎"四人帮"后两年在徘徊中前进的局面，开始了中国共产党在思想、政治、组织等领域全面拨乱反正，形成了以邓小平为核心的党的中央领导集体，揭开了社会主义改革开放的序幕。以这次全会为起点，中国进入了改革开放和社会主义现代化建设的历史新时期。

（二）改革开放和现代化建设新局面的展开

考点 155：中共十三大（识记）

[单选] 中国共产党第一次完整地概括社会主义初级阶段基本路线的会议是<u>中共十三大</u>。

考点 156：中共十二届三中全会《关于经济体制改革的决定》（领会）

[单选] 1984 年 10 月，中共十二届三中全会通过的重要文件是<u>《关于经济体制改革的决定》</u>。

考点 157：多层次对外开放格局（领会）

[单选] 1988 年，七届全国人大一次会议通过建立经济特区的决定，这个经济特区是<u>海南经济特区</u>。

考点158:"三步走"发展战略(简单运用)

[简答] ◎简述中共十三大制定的社会主义现代化建设"三步走"的战略部署。

中共十三大正式制定了社会主义现代化建设"三步走"的战略部署:

第一步,实现国民生产总值比1980年翻一番,解决人民的温饱问题,这个任务已经基本实现;

第二步,到20世纪末,使国民生产总值再增长一倍,人民生活达到小康水平;

第三步,到21世纪中叶,人均国民生产总值达到中等发达国家水平,人民生活比较富裕,基本实现现代化。

"三步走"发展战略及相关政策的制定,进一步解决了中国现代化建设的目标、步骤等关系全局的重大问题,对中国未来几十年的发展具有深远的影响。

考点159:邓小平关于中国农业改革和发展"两个飞跃"的思想(简单运用)

[单选] 1990年,邓小平提出的关于中国农业改革与发展的思想是"两个飞跃"。

考点160:社会主义初级阶段理论和中国共产党的基本路线(综合运用)

[单选] 社会主义初级阶段基本路线是"一个中心、两个基本点"。

[论述] 试述中共十三大指出的我国正处于社会主义初级阶段的论断。

这个论断,包括两层含义:

(1) 我国社会已经是社会主义社会。我们必须坚持而不能离开社会主义。

(2) 我国的社会主义社会还处在初级阶段。

中国共产党在社会主义初级阶段的基本路线是领导和团结全国各族人民,以经济建设为中心,坚持四项基本原则,坚持改革开放,自力更生,艰苦创业,为把我国建立成为富强、民主、文明的社会主义现代化国家而奋斗。

(三)改革开放和现代化建设发展的新阶段

考点161:中共十四大(识记)

[单选] 中国共产党明确提出我国建立社会主义市场经济体制目标的

会议是中共十四大。

考点162：20世纪90年代后期改革开放和现代化建设经受的风险考验（领会）

[**单选**] 2001年，中国对外开放进入一个新阶段的标志是加入世界贸易组织。

考点163：香港、澳门的回归（简单运用）

[**单选**] 1997年7月1日，中国在推进祖国统一大业方面迈出的重要一步是恢复对香港行使主权。

[**单选**] 1999年12月20日，中国在推进祖国统一大业方面迈出的重要一步是恢复对澳门行使主权。

（四）在新的历史起点上推进中国特色社会主义

考点164：中共十六大（识记）

[**单选**] 把"三个代表"重要思想确立为中国共产党指导思想的大会是中共十六大。

考点165：中共十七大（识记）

[**单选**] 中共十七大报告指出，我国社会主义现代化建设新时期最鲜明的特点是改革开放。

[**简答**] ◎简述中共十七大的主题。

2007年10月15日至21日，中国共产党第十七次全国代表大会在北京举行。

（1）大会强调，要深入贯彻落实科学发展观。要求始终坚持"一个中心、两个基本点"的基本路线，坚持把以经济建设为中心同四项基本原则、改革开放这两个基本点统一于发展中国特色社会主义的伟大实践。

（2）大会对我国改革开放的历史进程和基本经验作出了科学的总结，提出了全面建设小康社会奋斗目标的新要求，对我国社会主义经济建设、政治建设、文化建设、社会建设和党的建设作出了全面部署。

（3）大会通过关于《中国共产党章程（修正案）》的决议。大会一致同意将科学发展观写入党章。

考点166：构建社会主义和谐社会（简单运用）

[**单选**] 2004年9月，中共十六届四中全会上提出的战略任务是构建社会主义和谐社会。

第十一章　中国特色社会主义进入新时代

（一）开拓中国特色社会主义更为广阔的发展前景

考点167：中共十八大（识记）

[**单选**] 中共十八大提出，我国到2020年的奋斗目标是<u>全面建成小康社会</u>。

考点168：塞罕坝精神（识记）

[**单选**] 建设美丽中国，倡导弘扬的<u>塞罕坝精神</u>是"<u>牢记使命、艰苦创业、绿色发展</u>"。

考点169：全面深化改革总目标（领会）

[**单选**] 2013年11月，审议通过《关于全面深化改革若干重大问题的决定》的会议是<u>中共十八届三中全会</u>。

考点170：中共十八大的精神及历史地位（简单运用）

[**论述**] ◎试述习近平关于实现中华民族伟大复兴中国梦的提出。

（1）习近平提出，实现中华民族伟大复兴就是中华民族近代以来最伟大的梦想，实现全面建成小康社会目标是实现中华民族伟大复兴中国梦的关键一步。

（2）实现中华民族伟大复兴的中国梦，就是要实现国家富强、民族振兴、人民幸福。

（3）实现的途径：

① 实现中国梦必须走中国道路，即中国特色社会主义道路。

② 实现中国梦必须弘扬中国精神。

③ 实现中国梦必须凝聚中国力量。

考点171：党和国家事业的历史性成就和历史性变革（综合运用）

[**论述**] ◎试述中共十八大后党和国家事业的历史性成就和历史性变革带给我们的启示。

（1）必须始终坚持用党的理论创新成果武装头脑、指导实践。

（2）必须始终维护党中央和全党的核心。

（3）必须始终坚持和加强党的全面领导。

（二）夺取新时代中国特色社会主义伟大胜利

考点172：中共十九大（识记）

[单选] 中共十九大强调，习近平新时代中国特色社会主义思想的核心要义是<u>坚持和发展中国特色社会主义</u>。

[单选] 中国共产党明确提出中国特色社会主义进入新时代的会议是<u>中共十九大</u>。

[单选] 中共十九大确定的我国基本实现社会主义现代化的时间是<u>2035年</u>。

[单选] 中共十九大确定的我国建成富强民主文明和谐美丽的社会主义现代化强国的时间是<u>2050年</u>。

考点173："红船精神"（识记）

[单选] 习近平强调，要结合时代特点大力弘扬"红船精神"，即<u>开天辟地、敢为人先的首创精神，坚定理想、百折不挠的奋斗精神，立党为公、忠诚为民的奉献精神</u>。让"红船精神"永放光芒。

考点174：中国特色社会主义进入新时代我国社会的主要矛盾（综合运用）

[单选] 中共十九大明确指出，我国社会主要矛盾已经转化为<u>人民日益增长的美好生活需要和不平衡不充分的发展之间的矛盾</u>。

（三）不断谱写实现中华民族伟大复兴的新篇章

考点175：决定当代中国命运的关键抉择（识记）

[单选] 20世纪以来，中国经历的第三次历史性巨变是<u>改革开放，为实现社会主义现代化而奋斗</u>。

考点176：《反分裂国家法》（识记）

[单选] 2005年，第十届全国人民代表大会第三次会议通过的法律是<u>《反分裂国家法》</u>。

考点177：改革开放40年的巨大成就（综合运用）

[单选] 2010年以来，中国已经成为<u>世界第二大经济体</u>。

[单选] 第一个以中国城市命名的国际组织是<u>上海合作组织</u>。

[论述] ◎试述中共十一届三中全会以来改革开放和社会主义现代化建设取得了哪些成就？这些成就的取得说明了什么？

（1）成就：

① 极大解放和发展了中国社会生产力，国民经济保持持续快速健康发展，现代化建设事业稳步推进，综合国力和国际竞争力显著提高。

② 社会主义市场经济体制不断完善，各项改革事业取得重大进展，对外开放取得新突破。

③ 社会主义民主法治建设迈出重大步伐，取得重要进展。

④ 社会主义文化建设成效显著。

⑤ 人民生活不断改善。

⑥ 生态文明建设成效显著。

⑦ 强军兴军开创新局面。

⑧ 坚持"一国两制"，推进祖国统一。

⑨ 深入展开全方位外交。

⑩ 全面推进党的建设新的伟大工程。

（2）说明：必须坚定中国特色社会主义道路自信、理论自信、制度自信、文化自信。